長谷川　正　著

東アジアの企業経営と歴史

東京　森山書店　発行

は　し　が　き

　20世紀の終わりの頃にはすでに，21世紀はアジアの時代，と言われていた。それまで外国といえばドイツと米国しか行ったことがなかった筆者が，初めてアジアを訪れたのは1999年3月の台湾であった。しかしその時はまだアジアを調査しよう，論文をまとめようという意図はなかった。むしろ，あまり興味がなかったといっていい。たまたま日本で知り合った台湾人教授を訪ねただけであった。

　しかし台湾に行ってみて，町のさまざまな個所から漢字が視界に飛び込んでくるし（あたりまえだが），日本語を話せる人も何人かいた。この時，これなら台湾でも中国でも今後，一人でも行けると思った。台湾にはその後も何度も訪問し，知己も増えた。

　ただ，中国では少し事情が違った。社会主義の国だし文字も台湾と少し違うようだから，少し用心し，中国通の同僚教授をたよって，大連の大学教授などに引き合わせてもらった。かれは筆者の専攻が経営学と知っていろいろな企業を案内してくれた。そのうち，筆者の本務校でも中国各地からの学部生・大学院生の留学生が増えていき，中国へのなじみが増していった。

　韓国については21世紀初頭の韓流ブームもあって，日本でもマスコミなどがいろいろと紹介した。思い返せば当初，筆者は隣の国々のことがよく分かっていなかった。と同時に，アジアでも国によって社会も企業も人の考えも随分と異なるものだと感心した。これがアジアへの関心の始まりであった。その後，わが国とアジア諸国との経済的関係が急速に深まっていき，アジアのことを知らない訳にはいかなくなった。

　たとえば日本経済新聞は，日本の上場企業がどの地域で利益を上げているかということを2000年と2010年とで調査し比較している（2010年12月16日付

朝刊)。それによれば，日本国内は74％から52％に急落し，アメリカ合衆国も15％から10％へと低下している。逆にアジアなど新興国が9％から36％へと急増している。欧州は2％で変化がない。日本とアジアとの経済的関係がこの10年間でこれほど緊密になっているのである。

　このような状態なので企業によっては従業員を，年数を限ってではあるが大量にアジア各国勤務につかせるところもでてきている。上場企業がアジアシフトをすれば，中小企業でもある程度は追随せざるを得ない。そのアジアとはどのようなところなのか，あるいはどのような企業経営が行われているのかは，わが国としても当然大きな関心事である。アジアで利益を上げようとする日本企業の場合でもわが国がアジアで持続的に貢献しようとする場合でもそうである。また逆に，日本政府はアジア各国からの観光客などを増加させる政策をとっている。受け入れるわれわれも，アジアに関する知識が必要である。

　もちろんずっと以前から，アジアに関する立派な専門家がたくさん存在したし，アジア各国・地域に関する経済論・企業論もあった。中国経済論・企業論などはこの10年間は随分たくさん出版された。しかしタイトルに「アジア」とか「東アジア」と付く経済論や企業経営論は分担執筆で出版されることが多い。筆者も過去，何冊か関わった。本書では上述の，企業経営と人の考えの国による違いがどこから来るのかというアジアに関する当初の感心を出発点として，単独で執筆している。

　まず第1章では，アジア各国と比較する意味で西ヨーロッパを取り扱った。ここではずっと前から気になっていたマックス・ヴェーバーの『プロテスタンティズムの倫理と〈資本主義〉の精神』を中心として述べた。アジア各国と比較するうえで好都合であったのと，本書の方法論を代弁しているからである。アジア各国での企業経営はこのように行われているという発見的研究も重要だが，本書ではもう少し踏み込んで，ではなぜそうなったかという因果論的分析を重視した。その場合，ヴェーバーのいう理解社会学とか理念型の考え方にはずいぶん学ぶところが多いと考えている。ただし方法論に関する叙述は煩雑さを避けて，すべて注に押し込んだ。ところでヴェーバーは前掲の論文を「宗教

社会学」(Religionssoziologie)と命名したが，本書のタイトルでは宗教だけでなく広く文化一般・歴史を含むという意味で「歴史」を付け加えた。

第2章では中国を論じた。中国4000年の歴史において文化的に重要なことはたくさんあるが，就中，中央集権体制（あるいは家産官僚制）と宗族主義，そして儒教は今日から見て特別の意義があると考えている。中央集権体制は，不完全ではあるが中国でずっと保たれてきた統治体制である。宗族主義は，要するに地縁血縁関係がキリスト教文化国と比べて相対的に強いということである。儒教は紀元前5世紀ごろに孔子が確立した思想体系であって，特に漢王朝以降は永く，中国の支配的官僚層の身分倫理となった。儒教が相対化されたのはやっと20世紀の初頭からである。中国のこれまでの経済の停滞性の理解にはこれらのことが重要であろうが，現在，グローバリゼーションのもと企業経営に関しては大きく変わりつつある。

本書では北朝鮮は扱わず，第3章で韓国を扱った。朝鮮半島は古くから中国の影響を大きく受けてきた。宗教では仏教，そして儒教が中国から伝わった。最近まで，儒教は世界中で韓国に最も強く残ったであろう。しかしこの国は中国だけでなく，日本，20世紀への転換時にはロシア，そして第2次世界大戦後は米国の支配下に置かれたり強い影響を受けたりしており，国民に対する為政者の求心力はもともと弱かったといわれる。戦後，強いカリスマで国民を統治したのは李承晩であって，現在最も有力な財閥サムスンの統治形態の起源は彼にあると考えられる。

第4章では，これまた中国発祥の道教の影響が今でも垣間見える台湾を取り扱った。しかし台湾は1895年から50年間の日本植民地統治時代を経験し，法治国家として成長していた。日本の統治時代があったから第2次世界大戦以降の台湾の近代化があったとはもちろん言えないが，台湾でもその影響を肯定する意見を聞く。しかし日本敗戦後，蒋介石の国民党政権の流入が事態をさらに複雑にする。台湾の産業や企業経営をみるうえで，九州ほどの面積のこの場所の400年の歴史に触れておく必要がある。

いまや「世界の工場」となったアジアにおいては技術の進展と経済成長とが

最も大きな関心事となっている。国によって程度の差はあるが，アジア諸国ではこの技術と経済の発展にまい進しているように見える。第5章では，データを多用してこのことをみる。第6章では，ドイツの産業および経営社会学の学問的蓄積を参考にしつつ，アジア各国において，技術と経済の発展だけではなく社会的政治的合理化の側面への配慮が必要となると述べている。

　本書は「東アジアの」とタイトルに銘打った。本当はもう少し地理的範囲を広げる予定であった。東南アジアのベトナムやフィリピンやタイやインドネシアなどは日本にとっても重要であるがここには入っていないし，南アジアのインドなどは巨大な人口を抱えていてその動向が気になるが，本書では取り扱わなかった。これら諸国はそれぞれに特徴があり，ひとくくりに「アジア」といえない諸特徴をもっており，それぞれに興味深い。しかし，たとえば中国のこの10年間ほどの大きな変化・発展を目の当たりにすると，これ以上出版を遅らせるのは具合が悪いと感じた。これが「東アジア」に限定した所以である。

　ところで，筆者の学生のころからの指導教授はドイツのフリッツ・シュミット（Fritz Schmidt）研究の第一人者故鈴木和蔵教授であった。したがって筆者は自然にドイツ語圏の経営学に興味を持ち，彼我の違いに興味をもったものである。一番の違いと感じたものがドイツの共同決定であったろうか。その原因のひとつにはドイツの共同体論ひいては観念論哲学の伝統であるという指摘があった。学生時代はそのようなものかと思っていただけであったが，実は本書の着想自体がこの学生時代の経験に負っているようである。企業経営にもひとびとの宗教とか思想とかが影響するということである。

　なお，本書は京都学園大学総合研究所の出版助成を受けていることを記しておきたい。また出版事情が極めて悪いなか，森山書店の菅田直文氏，菅田直也氏からは快く出版を引き受けて下さったうえに数々の厚いご配慮を頂いた。御礼を申し上げたい。

　平成23年12月

京都市西京区にて　長谷川　正

目　　次

第1章　比較としての西ヨーロッパの社会と宗教
　はじめに……………………………………………………………… 1
　1．資本主義と資本主義の「精神」……………………………… 2
　2．プロテスタンティズムの倫理………………………………… 8
　3．倫理から営利へ………………………………………………… 11
　4．歴史的変動の原因の多元性―西欧の都市…………………… 15
　5．結びにかえて…………………………………………………… 17

第2章　中国―儒教と道教を生んだ国
　はじめに……………………………………………………………… 25
　1．近年の中国と中国企業………………………………………… 26
　2．マックス・ヴェーバーの中国論……………………………… 36
　　①都　　市……………………………………………………… 39
　　②家産官僚制…………………………………………………… 40
　　③宗教組織……………………………………………………… 42
　　④中国における中央政府と地方政府との関係……………… 43
　　⑤氏族制度……………………………………………………… 44
　　⑥儒　　教……………………………………………………… 47
　　⑦道教と仏教…………………………………………………… 51
　3．結　　び………………………………………………………… 55

第3章　韓国―大国にはさまれ翻弄されてきた国
　はじめに……………………………………………………………… 67

1．韓国の歴史と社会構造 …………………………………………… 69
　①先史文化と古代社会 ………………………………………… 69
　②中　世　社　会 ……………………………………………… 73
　③近　世　社　会 ……………………………………………… 74
　④近　代　社　会 ……………………………………………… 75
　⑤現　代　社　会 ……………………………………………… 78
2．漢江の奇跡と財閥 ……………………………………………… 81
3．サムスン・グループの事例 …………………………………… 86
4．結　　び ………………………………………………………… 97

第4章　台湾―矛盾と分裂の400年

は じ め に ………………………………………………………… 103
1．台湾の社会構造 ………………………………………………… 104
2．台湾略史（1）―台湾南西部，オランダ・鄭氏・清の支配 …… 108
3．台湾略史（2）―日本の植民地統治時代 …………………… 112
4．台湾略史（3）―日本植民地統治から国民党支配へ ……… 114
5．国民党の強権支配と2・28事件 ……………………………… 117
6．結び―戦後台湾における経済発展と企業経営の諸特徴 …… 120

第5章　東アジアと技術革新

は じ め に ………………………………………………………… 129
1．イノベーションと産官学協同 ………………………………… 130
2．東アジアと世界経済のブロック化 …………………………… 134
3．研究開発管理と産官学協同 …………………………………… 145
4．結　　び ………………………………………………………… 160

第6章　終章―アジアにおける合理化の問題

は じ め に ………………………………………………………… 165

- 1. ドイツの産業および経営社会学 ………………………………… 165
- 2. 古典派経営社会学と合理化問題 ………………………………… 167
- 3. 戦後産業および経営社会学と合理化問題 ……………………… 170
- 4. 結び ……………………………………………………………… 174

文献目録 ……………………………………………………………… 177
索　引 ………………………………………………………………… 183

第1章

比較としての西ヨーロッパの社会と宗教

はじめに

　アジアでは，西ヨーロッパに比べて経済停滞が何世紀も長く続いた。最も進んでいる日本でも，19世紀の後半，明治以降になってやっと「資本主義」が輸入された。大韓民国（韓国）や台湾は戦後になってやっと経済が発展しだし，中国やベトナムやマレーシアはその緒についたばかりで，ラオスやカンボジアやミャンマーなどはまだそこまで到っていないともいえる。その理由については後に詳論するが，ここでは東アジアとの比較という意味で，西ヨーロッパの事情について述べたい。

　周知のように，「資本主義の発生」については，歴史学や経済学では大変重要な問題であり，事実，世界中でさまざまに議論されてきた。われわれはそれらを整理し，論じる任ではないが，しかし西ヨーロッパにおける資本主義の発生と発展をここで簡単にでも触れておかないと，東アジアについての理解がどうしても不十分になると思われる。そこで本章ではマックス・ヴェーバー（Max Weber, 1864～1920年，独人）の，多くの論争を引き起こしたあの有名な『プロテスタンティズムの倫理と資本主義の「精神」』（Die protestantische Ethik und der ≫ Geist ≪ des Kapitalismus, 1904/1905, 以下『倫理論文』と略す）という論文を取り上げたい。（この論文は1920年，補筆されて彼の3巻からなる『宗教社会学論集』の第1巻に収録されている。論文といっても，文庫本の翻訳書にして371頁もある立派な大著である[1]）

　この書物についても，わが国だけでも一生ヴェーバーの研究を続けるウェーバリアンと呼ばれる人たちの著作をはじめ，夥しい研究や解説書がある。また

大塚久雄の手になる優れた翻訳書もある（1989年に3回目の翻訳書が出版された）。さらに，この翻訳書の末尾には，この難解な書物をこれ以上，明解に解説したものはないと思われるほどのすぐれた「訳者解説」が付いている。それゆえ，この書物に関するこれ以上の叙述は必要ないかもしれないが，われわれはこの論文と，やはりヴェーバーの『儒教と道教』という論文[2]（これも『倫理論文』同様，論文といっても立派な大著である）とセットで考察することによって，東アジアに対する理解がより深まると考えている。われわれはアジアを注意深く見聞きするにつけ，年々この思いが深まっていくのである。

1. 資本主義と資本主義の「精神」

　日本人であれば，われわれの生活が今日のようになってきたのはほぼ明治時代以降（1868年～）であるということは何となく分かる。もちろん明治以降も変化はある。しかし江戸時代と現在とでは社会の仕組みやひとびとの生活環境は根本的に異なる。ところで西ヨーロッパでは，こういう変化はあったのか，あったとしたらその変化はいつ頃どのようにして発生したのか。

　ヨーロッパでは18世紀までは，すでに都市はあったが大半の人々は農村に住んでおり，大工場も鉄道やもちろん自動車も無かった。家族は一日中まとまって，いっしょに働いていた。学校で同年齢の人たちが大勢集まって勉強したり，若者が職場で一緒に仕事をしたりするということもまずなかった。ひとびとは会社に雇われてタイムカードで管理されているわけではないので，好きな時間に働き，好きな時間に休んでいる。街でも村でも，みな顔見知りで，お互い助け合いながら生活していた。かれらにとっては，それぞれの地域共同態での生活が中心であった。祭りや娯楽もそうした生活の一部であった。

　しかし貧しかった。生産能率は悪かったし，科学・技術は未発達だったので，現代から比較すると，生活はかなり厳しかった。しばしば飢饉が起こり，伝染病も広がった。子供はたくさん生まれるが，成長する前に多くが死んだ。病気になっても呪術的な治療法しか受けられなかった。したがって人口は増え

なかった。女性はといえば政治的および社会的に排除され，選挙権も財産権もなかった。

　18世紀の末から19世紀の初頭にかけて，こうした世界に大きな変化が起きたのは，まずイギリスにおいてであった。この大変化はのちに，産業革命 (Industrial Revolution) と命名された[3]。蒸気機関や大規模機械工業が導入され，生産能率が飛躍的に伸び，食料品や生活用品が増産された。それとともに，経済構造や社会構造が根本的に転換した。農業経営者や商人に代わって産業資本家が社会の有力者となった。第2次囲い込みや新農法の結果，工場労働者が不足することもなかった。（このような過程は，アジアでは今なお進行しているといえる）

　19世紀以降の時代のことを，経済学者は「（近代）資本主義」と呼ぶが，現在はこうした大変化（大転換といってもよい）以降の延長線上にあるといえる。この先また，どのような大変化が起きるかはぜひ知りたいところだが，それは誰にも分からない。しかし，今われわれがその中で呼吸しているところの資本主義に関しては，それがどういうものなのか，あるいはその起源は何なのかは，ぜひ知っておかなければならない。事実，多くの社会科学者がこの問題に取り組んできた。カール・マルクス（1818～1883年）はもとより，グスタフ・シュモラー（1838～1917年）やルヨ・ブレンターノ（1844～1931年）などがそうである。この問題を，かれらとは違った特殊な形で，しかも生き生きと論じたのがマックス・ヴェーバーであった。

　マックス・ヴェーバーは30歳になるまでに，『中世商事会社の歴史』（1889年）・『ローマ農業史』（1891年）・『ドイツ・東エルベ地方の農業労働者事情』（1893年）・『東エルベ農業労働者事情における諸動向』（1894年）・『取引所のはなし』（1894年）などを書き，すでにフライブルク大学教授（経済学担当）になるなど，早くからその才能ぶりを発揮していた。

　これらヴェーバーの初期の研究は，次の二点に焦点を合わせている[4]。
1. 近代社会に定型的に見られる一つの傾向，すなわち一世紀にわたる血縁的

紐帯の緩みを反映して，人格的従属に対する一般的抵抗（個人主義的傾向）
2. 近代社会に普遍的に見られる一つの属性，すなわち経済的行為は，それ自体のうちに倫理的な内容を含んでいること（経済的行為の倫理）

のちに所属大学がハイデルベルク大学に変わり，有望な研究者として多くの仕事を引き受けながら，しかし神経疾患での療養生活で執筆が途絶えたりしたのちに，これまた有名な「社会科学的および社会政策的認識の『客観性』[5]」などとともに執筆・発表されたのが『倫理論文』であった。

この『倫理論文』に対して，ルヨ・ブレンターノや R. H. トーニーから批判が起きた。かれらはヴェーバーの「資本主義の『精神』」の概念に疑義をはさんだ。かれらは資本主義的精神 Kapitalistischer Geist, capitalist spirit, Spiritas Capitalisticus を，貨幣獲得を欲求する①衝動としての営利欲であり，したがって資本主義的精神は古代から存在するものであり，②あくなき利潤追求を目指す企業家や商人のみの営利欲と捉えていた。

しかしヴェーバーの場合は，「資本主義の『精神』」（≫Geist≪des Kapitalismus）とは，①たんに営利心にとどまらず，その営利心が歴史的に独自な性格を有する倫理と離れがたく絡み合い，その結果営利自体が一つの倫理的義務と化し，「倫理的な色彩を持つ生活の原則という性格[6]」を帯びるにいたった特有なエートスである。②利潤に対する資本家ないし企業家層の営利心ばかりでなく，賃金に対する労働者層の営利心をも含め，工場制度でもって知られているような巨大な「合理的・市民的経営と，労働の合理的組織[7]」形成の方向に作用せしめるエートスである。ヴェーバーのこうした捉え方は当時の通説とは大いに異なり，意表を突くものであった。

ここでエートスとは何かということについて一言断っておかなければならない。「プロテスタンティズムの倫理」とか「キリスト教倫理」という場合の倫理（Ethik）は，すぐれて規範を意味し，したがって聖書に書かれているような教義と関連せしめられる。しかしエートス（Ethos）とは，そうした倫理がひとびとのうちに宿って血となり肉となって，たとえば営利欲と同じように，彼らを内側から一定の行動へ押し動かしていく，そうした現実の機動力すなわ

ち「倫理的な気質」のことである。なにかのことがらに出会うと条件反射的にしかるべき方向に行動するいわば社会心理である[8]。しかも一人とか数人の個人にそういうことが起きるのではなく、人間の諸集団全体に大量現象として起きるのがエートスである。

　ヴェーバーが、資本主義の精神が何より特有なエートスであって、たんに営利欲といったものではないとしたことに対して、ブレンターノは、それは循環論法であると批判した。つまりあらかじめ資本主義の精神を定義しておいて、できるだけ多額の利潤を得ようとする態度が「倫理的色彩を有する生活の原則という性格」を帯びていない場合、それを除外してしまうからである。例えば、①中世イタリアでは資本主義の発達が顕著であったのに、そこでは営利欲がまだ倫理的な色彩を持つ生活の原則といった域にまで達していなかったために、ヴェーバーの定義によれば資本主義の精神は存在しなかったという奇妙な結論になる。また、②現代の資本家ないし企業家層は、もはや営利を倫理的義務などとは考えていないために、まさに資本主義の時代である現代にも資本主義の精神は存在しなくなるという、まったく奇妙なことになる。

　しかしヴェーバーの論旨は、循環論法という単純な方法上の誤りを犯したわけではなかった。ヴェーバーは『倫理論文』においては、資本主義を「近代」資本主義に限定しており、この近代「資本主義の精神」をエートスとして捉えていこうとして、恐ろしく詳細な検討を通じてそれを明確に浮かび上がらせようとしたのである。

　ヴェーバーは『倫理論文』の初めの方で「資本主義の『精神』」のとりあえずの定義を試みるのだが、その際、勤労、質素、周到、信用などの倫理の大切さを強調したベンジャミン・フランクリン（Benjamin Franklin, 1706〜90, 米人）を登場させた。フランクリンは政治家、科学者、著述家でもあり、現在、100ドル紙幣の肖像にもなっている有名な人物である。彼は、正直にして得られるものは残らず手に入れ、得たものは残らず節約する、そうすれば人は必ず富が得られる、という訓戒も残している。ヴェーバーは彼のことを「資本主義

の『精神』を，ほとんど古典的といいうるまでに包含している」と書いた[9]。

またヴェーバーは書いている，「われわれがこの『吝嗇の哲学』（Philosophie des Geizes）に接してその顕著な特徴だと感じるものは，信用のできる立派な人という思想，とりわけ，自分の資本を増加させることを自己目的と考えるのが各人の義務だという思想だ。実際この説教の内容は単に処世の技術などではなくて，独特な『倫理』であり，これに違反することは愚鈍というだけでなく，一種の義務忘却だとされている。しかも，このことが何にもましてことがらの本質をなしている。そこでは『仕事の才覚』といったことが教えられているだけではない。―そうしたものなら他にいくらでも見いだされよう。―そこには一つのエートス（Ethos）が表明されているのであって，このエートスこそがわれわれの関心を呼び起こすのだ[10]」と。

もともと人間生来の営利欲と倫理とは水と油であって，妥協か利用はあり得ても内面的に融合しないのであるが，ヴェーバーは，エートスの内部において営利ないし利潤追求が倫理的義務と化したことを跡付けていこうとしたのである。（なお，勤労や質素そのものが資本主義の精神ではないことに注意すべきである）

実際，ヴェーバーの身内で叔父のカール・ダフィト・ヴェーバー（Karl David Weber）という人がいた。彼は，一つの企業を創設した伝統的企業家で，彼の生活様式は，精励・節約・情け深いが謙虚な態度であり，上述の個人主義的傾向と経済的行為の倫理とをともに備えていた人物であった。ヴェーバーはかれに資本主義の精神の創成期の企業家を見たようである[11]。（なお，彼の孫娘マリアンネ・ヴェーバーMarianne Weberは後，マックス・ヴェーバーの夫人になり，優れたマックス・ヴェーバーの伝記を残す）

「資本主義の『精神』」は，次の「伝統主義」と対比される[12]。
・労働者が，たとえ出来高賃金制度（Akkordlohn）があっても，一定の賃金が稼げるとき，できるだけ労働時間を減らす，つまり今まで以上に働けば割高な報酬を得られる場合でも，これまでと同じ報酬を得ようと労働時間を減らす
・働いて金を稼ぐとき，努力を惜しむ

・企業家が，快適な生活ができれば，適当な稼ぎでよいとする
・労働者・顧客・競争相手との関係が直接的でたぶんに情誼的（パーソナル）である

　…，あるいは，貪欲と何者をもはばからない営利欲も，伝統主義である。例えば，中国の官吏（マンダリン），古代ローマの貴族，東エルベの土地所有者，などである（中国の官吏については第2章で詳論する）。

　またそれは，冒険としての「資本主義的」営利とも異なる。例えば，海賊業，戦争や政府への融資，徴税請負，ある種の中世商事会社などがそれである。資本主義の「精神」はしばしば，これら伝統主義や冒険的商人とのいばらの闘争を繰り広げたのちに勝利するのである。ヴェーバーは述べている，「近代資本主義が，人間労働の集約度を高めることによってその『生産性』を引き上げるという仕事を始めた時，いたるところでこの上もなく頑強に妨害しつづけたのは，資本主義以前の経済労働のこうした基調（ライト・モティーフ）であった[13]」と。

　後の，ヴェーバーの営利追求の類型学[14]では，
①異なる種類の貨幣間での投機による営利，信用の創出・拡張による営利，
②戦争や政府への投資による営利，あるいは政治的利権をあさる営利，
③植民地の搾取，あるいは住民の搾取による営利，
④形式的に（法律的に）自由な市場での継続的な取引を行なうことによる営利，または，「資本計算をともなう持続的・生産的企業」の経営による営利，
⑤規格化された商品の投機的取引，公債投資，企業の起債の引き受け，企業経営をコントロールすることによる投機的融資

となっていて，①～③は投機的営利追求，④と⑤が合理的営利追求である。近代資本主義とは，後ろの2つの合理的なタイプの営利追求にもとづく，相互関連的な諸制度の一大複合体なのである。

2. プロテスタンティズムの倫理

ヴェーバーは,「資本主義の『精神』」の起原を, 宗教改革の諸観念に求めた。その理由を, 次のように列挙している[15]。

① ペティ, モンテスキュー, バックルその他の炯眼な観察者が, プロテスタンティズムと商業的精神の発展との親和性を論じた

② フリードリヒ・ウィルヘルム1世は, プロテスタントの軍役への不適正, 商工業への適性を, 実際の政治政策に使った

③ バーデン州の宗派と学歴選択の関係の調査では, プロテスタントはカトリック教徒よりも商工業的生活様式に適合する実科学校を多く選ぶ

④ 宗教上の少数派集団が社会的・政治的生活から締め出されると経済的活動を強化するが (ロシアにおけるポーランド人, フランスにおけるユグノー派, イギリスにおける非国教派, 約2千年間他国に散在していたユダヤ人などは経済的活動を強化した), ドイツ帝国やイギリスやオランダのカトリック教徒はそうならなかった

⑤ クエイカーやバプティストのようなプロテスタント教派は敬虔な信徒であるとともに,「名だたる」富者であった, 正直でもあった

しかし, ヴェーバーが『倫理論文』でほんとうに示そうとしたのは, プロテスタンティズムが資本主義の発生を促したということではなくて, 次の逆説 (パラドックス) の説明である。すなわち, 深い信仰心と強い利潤追求心とは通常対立する傾向をもつにもかかわらず (「人は富と神とに兼ね仕える事はできない」), なぜ宗教改革期の16世紀にもっとも富裕な諸地域や諸都市がプロテスタントに改宗していたか, ということである。つまり, 敬虔なプロテスタンティズムが営利追求を促した, という逆説である。『倫理論文』の主たる目的は, この逆説を説明することにあった (もちろん, 彼の副次的な論述の中にはわれわれに教示するところがたくさんあるのだが)。

事実, 中世末期, 教会が世俗の日常の生活に対する統制を緩めていった (罪

→懺悔→贖罪(しょくざい)→心の平安→また新たな罪…)。したがって資本主義経済の生成を阻む現実的障害がほとんど無くなった。しかしこの時，台頭してきた商人階級は，カトリシズムではなく，このときばかりは英雄的な性格特徴を持って，プロテスタンティズムを奉じた。なぜか？

ヴェーバーは，この現象を理解するには，宗教改革期の神学的教義を分析する必要があると信じた。この分析は普通，神学者の仕事であって，社会科学者はここまでやらない。キリスト教に疎い日本人には一層分かりにくいが，ヴェーバーはそれらを丹念に分析し，提示している。

歴史上，ここで問題となる禁欲的プロテスタンティズムは，明確に分離していたわけではないが，大きな流れとしては二つあり，一つ目の流れは，①カルヴィニズム，②敬虔派（パイエティズム），③メソディズムであり，二つめの流れは，④洗礼派運動から派生した諸信団（Sekte）である[16]。

簡単に書くと，ルター（Martin Luther, 1483〜1546年）やカルヴァン（Jean Calvin, 1509〜1564年）はもっとも初期の宗教改革者である。しかしルターの場合，すぐ後述するような初期の大きな功績にもかかわらず，政治的理由から次第に伝統主義的色彩を帯びるようになる[17]。①カルヴィニズムは政教分離を認めず，すべての生活を神の教えに従わせる厳しい神権政治を説き，商人・手工業者・富裕農民になどの新興階層に浸透し，のちのフランスのユグノー（カルヴィニズム），オランダのゴイセン，イギリスのピューリタン，スコットランドの長老派などヨーロッパ各地に広まり，ヨーロッパの歴史に大きな影響を与えた。②敬虔派（パイエティズム）は，17世紀にカルヴィニズムを基盤としてイギリスとオランダで発生したが，ルター派と合流したり分離したりした宗派，③メソディスト派は，18世紀に英国国教会の中から発生した宗派でアメリカにも伝播した宗派，④洗礼派は，幼児洗礼を否定し，成人の信仰告白に基づくバプテスマ（成人洗礼）を認めるのがその教義的特徴の一つであり，そこからバプティスト派，メノナイト派，クエイカー派などの信団が派生した[18]。なお，ピューリタニズムは多義的な語であるが，オランダおよびイギリスにおける禁欲的傾向をもった宗教上の諸運動で，教会制度上の組織や綱領の差異を

問わない。したがってバプティスト派，メノナイト派，クエイカー派などを含む[19]。

さて，ヴェーバーのヘブライ語，ラテン語，中世ロマンス語などを駆使した詳細な文献学的考証の結果，Beruf（ベルーフ）という言葉は，「世俗的な職業は天職である」という考えから，職業と天職という二つの意味を持つということが明らかになる[20]。日本語にはない言葉である。この言葉は，ルターが聖書のドイツ語への翻訳にあたって創り出したものである。しかも原文の精神からではなく，彼自身の精神から創り出したのである。おそらくルターはそれによって，世俗外的禁欲というカトリック的理想との対立において，プロテスタンティズムの志向として世俗内的な義務履行の尊さを表現しようとしたのである。

世俗外的というのは修道院の中でという意味である。修道院はすでに4世紀ごろからあり，男子修道院と女子修道院とがあった。いずれにおいても修道士・修道女は独身を守る。それぞれ，その中で共同生活を送る。ヌルシア（現在のノルチャ）のベネディクトゥス（Benedictus de Nursia, 480年頃〜547年）は「すべて労働は祈りにつながる」と言っていたそうである。「祈り，かつ働け」（ora et labora）はベネディクト会の標語である。しかし，プロテスタントには理念からして修道院は無い。ルターは，世俗の職業は神が与えたものであるから，神の栄光を増すために世俗の職業につとめよ，としたのである。ルターは最初，世俗的労働それ自体は道徳的観念とはかかわりがないという中世的な職業観をもっていたが，後年カトリック修道士との対立がいよいよ鋭くなると，次のように考えたのである，「修道院にみるような生活は，神に義とされるためには全く無価値というだけでなく，現世の義務から逃れようとする利己的な愛の欠如の産物だ[21]」と。

ルターの思想はその後の歴史の中で実践的にいって最も大きな比重を占める。というのは，すべてのプロテスタントが生活態度の面で多少ともその思想を受け継いだからである。

他方，カルヴァンの予定説は，この世の権力・富・名声などの諸価値に対して最大の持続的抵抗力を持っていた。この予定説が，「資本主義の『精神』」を育む好適な思想的基盤であった。

　かれによれば，神は人間との恐ろしいほどの距離を感じさせ，超絶した権能をもった人格神であって，その心を測りがたい。そして，ある人々に永遠の生命を，他の人々に永遠の死を予め定めている（二重予定説）。「人間のために神があるのではなく，神のために人間が存在する[22]」，「地上の『正義』〔すなわち人間の善行—筆者〕という尺度をもって神の至高の導きを推し量ろうとすることは無意味であるとともに，神の至上性を侵すことになる[23]」，「人間の一部が救われ，残余のものは永遠に滅亡の状態にとどまる[24]」，とヴェーバーはカルヴァンの教義について書いている。

　人間はというと，自分が来世において救われている身かそうでない身かが重要である。そして自分が恩寵を受けた身であることを確信する方法は，鉄のごとき信仰を持ち続けるか，あるいはまた，具体的に神の栄光のために奉仕すべく定められた日々の職業労働への休みなき献身を通して救いの確かさを経験するしかない[25]。しかも，おそるべき孤独の中で自分自身しか頼るものがないのである。一切の呪術的救済が許されないし，功徳・罪過・秘蹟・善行もその運命を変えることができない。また，一切の感覚的文化や感情を避け，ビジネスライクに処世しなければならない。これが新しい宗教的タイプ，ピューリタン，クエイカー，バプティストたちの諸信団の基本思想である。

3. 倫理から営利へ

　それでは次に，プロテスタンティズムという宗教の領域に根ざす思想，すなわち倫理的義務としての職業労働，世俗内禁欲による救いの確証という思想がどういうふうに資本主義という経済の領域にかかわるのか。ここで初めて，前述の逆説（パラドックス）が明らかにされる。

　ピューリタンにとって，富は現世の誘惑を増大するので，危険きわまりな

い。したがって富の追求自体は宗教的には意味がない。しかし他面，富は，日常の職業労働に打ち込み，計画的組織的な生活をし，そして官能的な享楽を拒否することの必然的な成果なので，その意味では救いの確かさの，いやまさに恩寵の状態の印とみなすべきものである。ヴェーバーはピューリタンの牧会指導者バクスター（Richard Baxter, 1615～91 年）の次の言葉を引いている，「神のためにあなた方が労働し，富裕になるのはよいことだ[26]」，富が危険視されるのは，ただ怠惰な休息や罪の快楽への誘惑である場合だけだ，と。また，私経済的「収益性」は神のために天職をまっとうした程度をはかる実践的な指標だ[27]，ともバクスターは言う。

こうして，最初の環（倫理）と最後の環（営利）がつながる。休みない労働→享楽的安息の禁止→富を常に新しい営利のために使用→資本の蓄積，こうする他ない。かれは合理的資本主義的経営者たらざるをえない。しかも営利事業は各人の私的な営みでありながら，それは神の所有物であり，各人は神からただその管理を任されているに過ぎない。

しかし，「神と富とに兼ね仕えることはできない」という言葉はここでも当てはまる。富が増加すると，それに反比例して宗教の実質が減少するのである。高邁な精神に支えられた生活様式は，それ自らの帰結でもって破壊されることになる。そしてその宗教的な根が枯れ果てるときに，職業義務の思想と禁欲的生活態度とはかえって最大の効果を発揮するのである[28]。これが「資本主義の『精神』」なのであり，しかも今見てきたように，それは一個の歴史的構造体なのである。（ヴェーバーは，ピューリタンのこうした考えに対してまわりから抵抗や強い攻撃を受けたが，これらに対するピューリタンの強靱な抵抗力の一部はユダヤ人の選民思想という旧約聖書の規範に由来する，と述べている[29]）。時期的には 17 世紀が終わり，次の時代には功利的な現世主義が頭をもたげるのである。

企業家はといえば，形式的に正しく道徳的に問題がなく他人に迷惑をかけなければ，営利を追求できたし，またそうしなければならなかった。労働者はといえば，冷静で良心的で労働が熟練していれば，生活目的としての労働に従事

できる。そこには，かつての燃え上がるような宗教的情熱はもはや無い。これはいわゆる「ピューリタニズムの世俗化」という現象である。ヴェーバーは「営利を『天職』とみなすことが近代の企業家の特徴となったのと同様に，労働を『天職』とみなすことが近代の労働者の特徴となった[30]」と書いているが，意味するところは，倫理と営利とのウエイトが逆転したということである。

営利追求を敵視した禁欲的プロテスタントが，結果として近代資本主義の生誕に大きく貢献したのである。ヴェーバーは書いている，「宗教改革の文化的影響の多くが──われわれの特殊な観点からはおそらくその大部分がと言ってよかろう──改革者たちの事業から生じた，予期されない，いや全然意図されなかった結果 (ungewollte Folgen) であり，しばしば，彼ら自身の念頭にあったものとは遥かにかけ離れた，あるいはむしろ正反対のもの」が起こったのである[31]。

しかも資本主義の精神の誕生は，その当時の歴史的現実のただなかで生起する経済的利害状況の布置にきわめて適合的であった。近代資本主義は合理的労働組織の上に立つ合理的経営によって行われる資本増殖のメカニズムであるが，それはヴェーバーによれば，古い商人資本主義に正面から対抗しつつ封建制の内部から生まれてきた産業的中産者層の経済活動から生まれた。かれらは小ブルジョワ的商品生産者層や18世紀の第2次囲い込みの結果生まれたヨーマン・ファーマー（独立自営農民）であった。かれらの活動に適合的な禁欲的エートスが，「資本主義の精神」であった。

いうまでもなく，近代資本主義が体制として確立するのに適応して，そうした古い商人資本主義が近代化することもあれば，またそれに対抗して，自ら産業経営に乗り出していくこともある。一世紀前のドイツや日本，ロシアなどの後進国における資本主義がそうである。そして現在では，さしずめアジア諸国の資本主義が問題になるところである。

ヴェーバーは『倫理論文』の最後のほうで，次のように書いている。「ピューリタンは天職人たらんと欲した──われわれは天職人たらざるをえない。とい

うのは，禁欲は修道士の小部屋から職業生活のただ中に移されて，世俗内的道徳を支配しはじめるとともに，こんどは，非有機的・機械的生産の技術的・経済的条件に結び付けられた近代的経済秩序の，あの強力な秩序界を作り上げるのに力を貸すことになったからだ。そして，この秩序界は現在，圧倒的な力をもって，その機構の中に入り込んでくるいっさいの諸個人——直接経済的営利にたずさわる人々だけではなく——の生活のスタイルを決定しているし，おそらく将来も，化石化した燃料の最後の一片が燃えつきるまで決定しつづけるであろう[32]」と。この「近代的秩序」とは資本主義体制のことである。そしてそれを「鉄の檻」と称して，次のようにも言う。

　「今日の資本主義的経済組織は既成の巨大な秩序界であって，個々人は生まれながらにしてその中に入りこむのだし，個々人（少なくともばらばらな個人としての）にとっては事実上，その中で生きねばならぬ変革しがたい鉄の檻として与えられているものなのだ。誰であれ市場と関連をもつ限り，この秩序界は彼の経済行為に対して一定の規範を押し付ける。製造業者は長期間この規範に反して行動すれば，必ず経済的淘汰を受けねばならないし，労働者もこの規範に適応できず，あるいは適応しようとしない場合には，必ず失業者として街頭に投げ出されるだろう[33]」と。

　ヴェーバーは『倫理論文』を閉じるにあたって，そのあとの研究の発展方向を示した[34]。それは禁欲的合理主義が，①私的団体や国家の組織と機能にどう影響したか，②人文主義的合理主義とその生活の理想や文化にどう影響したか，③哲学的および科学的経験論の発展に，そして技術の発展にどう影響したか，④禁欲的合理主義が中世から近世へと地域的にどう伝播したかを跡付けることである。しかしヴェーバーは，トレルチ（Ernst Troeltsch, 1865～1923年，独人）がその課題の一部を果たしたということもあって，その方向に自分の研究を進めなかった。そのかわり，1904年にアメリカ合衆国を訪問した際に着想したであろう，宗教改革の教義やピューリタン神学者の訓戒が人間の諸集団全体の共通の生活様式にどのような影響を与えたかという問題に取り組んだ。

概略は次のような内容である[35]。

　信団（Sekte）とは，自発的結社（ヴォランタリー・アソシエーション）の一種である。信団においては，信団の成員となる資格，特に聖餐式に参加する特権などは，宗教改革の発端から，組織的な社会的統制の手段である。その成員は一つの生活様式を共有し，強固な連帯感を発展させた。そして不信仰の輩を信団から排除した。

　16世紀初頭，チューリヒのバプティスト派が，その成員を「真のキリスト者」に限定したとき，このような組織的統制の基礎が成立した。それ以後，他のプロテスタンティズムの信団でも，同じような組織原則を採用した。しかも，プロテスタント諸信団の規律は，職業的祭司によってではなく，俗人によって維持されたので，いっそう規制の圧力は強かったのである。このことは先のバックスターなどの教説とともに大きな教育効果があったであろう。ヴェーバーはプロテスタンティズムにおける教育の重要性を繰り返し述べている。

4. 歴史的変動の原因の多元性——西欧の都市

　ヴェーバーは，宗教的諸観念→資本主義の精神→経済的諸条件の変化，を後づけようとしたが，その前のプロセス，すなわち社会的・経済的諸条件→宗教改革の運動，の側面も重要だとした[36]。この点に関しては特に，中世ヨーロッパにおける都市の歴史に注目した。というのは，宗教改革の前に，取引の倫理と社会的凝集性の高い都市中産階級の出現があったからである。

　ピューリタンの諸信団は内部の凝集性がきわめて高い。この場合，普通の社会集団では，内部と外部との分裂を生む。しかし，プロテスタントの諸信団の場合，そのような分裂がなかった。これも大きな逆説である。なぜそうなのか。それは，教派の中には，共同態の内部と外部とを区別せず一元的規範で行動したものもあったからである。そこでは，共同態内部では同胞愛でもって，共同態外部に対しては搾取と欺瞞をもって行動する，という二元的基準が採用

されなかった。家共同体内部にも計算の要素が入り込み，他方対外的には衝動的な営利追求が抑制される。この一元的規範はピューリタニズムの一側面である。これが近代資本主義の発展に大きな意義をもった。

　他方，ヴェーバーは，近代資本主義の発展の諸前件を，中世ヨーロッパにおける都市の発展の中に探り，結局キリスト教の基本的性格にまでさかのぼっていく[37]。以下に順に述べておこう。

　まず，キリスト教徒としての信団の一元的基準がある。初めは，営利追及に関する2つの態度があった。対内的には，部族・氏族・家共同態の仲間との同胞愛がある（伝統による結合）。ここでは無制限な営利追求は絶対に許されない。対外的には，相手はよそ者であり，敵であり，彼らとの経済的関係では営利追及の衝動が無制限に発動する。

　次に発展がある。すなわち，対内的に，古い肉親的同胞愛関係に変わって，計算の要素が入り込み（例えば経営と家計との分離が生じる），営利衝動が起きる。発展のこの側面は，特に西ヨーロッパで生じた。同時に対外的には，無制限の営利追求も緩まる。その結果は，ある限度内で営利追求を許す規律ある経済生活である。これが信団の一元的基準である。

　しかし，この世界史的変動は，ピューリタニズムの所産ではなかった。ピューリタニズムはのちの発展であって，それは，既にそれ以前からあるヨーロッパ社会の特質である諸傾向（合理化傾向）の最終仕上げに過ぎない。その傾向を，次の都市の諸制度で明らかにできる。

　世界中の都市は，よそ者同士，あるいは，よそ者と原住民とで作られる。古代中国・メソポタミア・エジプトでは，しばしば軍事指導者が意のままに都市を建設したり，他に都市を移したりした。この場合，住民は，志願兵と徴募兵である。あるいは住民を強制的に集め，砂漠に運河を掘り，聚落を作った。このような都市では，軍事的・政治的支配者が従臣や官吏を部下にして，専制君主として君臨した。居住者同士の共同態的組織化は，まったく阻止されるか，きわめて制限された段階にとどまった（近東ヘレニズム世界，すなわち古代ギリシア）。都市居住者は，以前の出身地との地縁的・血縁的諸関係を維持してい

た。

　しかし，中世の西ヨーロッパの諸都市，特に北ヨーロッパの諸都市では事情がまったく異なる。古代の都市も中世の都市も，共通の礼拝にもとづく団体であって，キリスト教的共同態はすべて，基本的に個々の信徒の信仰にもとづく結社であり，氏族や部族からなる共同態ではなかった。居住者が結合して市民身分を形成し，個人として市民であることを誓約した。11世紀から（12世紀からは急速に），これら諸都市が，法律的にも政治的にも，それ自体の役人を持つ自律組織に発展した。都市は，ある程度，司法権・立法権・行政権を持ったのである。都市が，封建制的支配あるいは家産制的支配から解放される方向への決定的な第1歩である。これが宗教改革の運動につながるのである。

　したがって，資本主義の精神の生成までのプロセスは，次のように概略を描ける。

　キリスト教の教義は，あらゆる事業上の取引において，共同態の内部と外部との区別なく一元的な倫理的基準を遵守することに（信団の一元的基準），そして共同態の統制力を用いて，個々人の正直さと法的措置の信頼性とを保証することに作用する。それとともに氏族や部族の拘束は消滅する。このことが都市の発展に影響する。また，ローマ帝国の軍隊組織の特質すなわち兵士は装備自弁で自律的であったことも都市の発展に，すなわちその法制上・政治上の自律性ということに影響する。

　都市が発展するとともに，とくにイタリア諸都市などでは信用取引が増大し，簿記の方法も刷新される。家計からの事業の分離ということも行われる。そしてこの都市の発展は，その居住者を宗教改革者たちの教えの格好の聴衆としたのである。このようなプロセスは，西ヨーロッパのみにしかなかった。

5．結びにかえて

　マックス・ヴェーバーの『プロテスタンティズムの倫理と資本主義の「精神」』の主たるテーマは営利追求を敵視した禁欲的プロテスタンティズムがな

ぜ合理的経営による資本増殖と合理的な労働組織をもつ近代資本主義の形成にあずかって力があったかということを明らかにすることであった。ヴェーバーは述べる，「われわれが（『倫理論文』において―筆者）企図するところは，ただただ，歴史における無数の個別的要因から生まれ出て，独自の『世俗的』な傾向をおびる近代文化の発展が織りなす網の目のなかに，宗教的要因が加えた横糸をばある程度明らかにする，ということだけ[38)]」である，と。

ヴェーバーによれば，資本主義の精神は，社会生活の様々の領域における合理主義の増大傾向（「呪術からの解放」（Entzauberung）とか，「世界に対する幻想からの解放」とも言う）という西ヨーロッパ文明に固有の諸現象のうちの1つに過ぎない[39)]。それ以外の現象では，次のようなものがある[40)]。

①天文学を数学にむすびつけたり，幾何学において合理的な証明法を発展させたりした（ギリシアではそうであった。バビロニアの天文学やインドの幾何学はそうならなかった）

②自然科学において，観察に実験が伴う（西ヨーロッパではそうであった）

③歴史学や法学における合理的概念の明確な規定や系統的な使用（西ヨーロッパ）

④国家行政や経済的企業の合理的な組織化（西ヨーロッパ）

ヴェーバーの『倫理論文』はほぼ一世紀前に書かれたが，現代から見てもその内容がじつに生き生きとしているのは，主たるテーマはもちろんのこと，副次的な内容もまた現代への諸問題を提議するところが多いからであろう。

ところで，日本人であれば小学校で学ぶので誰でも知っている，アサガオの葉を使った光合成の実験がある。それは次のようなものである。すなわち，①条件Aとして，アサガオの葉にアルミホイルを張り日光を当てる（日光を遮断するが，水・二酸化炭素はある）。条件Bとして，アサガオの葉をそのままに日光を当てる（日光・水・二酸化炭素がすべてある）。②条件Aの場合でも条件Bの場合でも1日置いたのちに，緑色を脱色し，後で変色を見やすくするため，エタノール液に浸す。③変色を見やすくするため，それぞれを湯で洗う。④そ

れぞれをヨウ素液に浸す。⑤条件Aは変色しないが、条件Bでは青紫色に変色し、デンプン（栄養分）ができているのが分かる。⑥結論：光合成には光が必要である。この実験は、自然科学の方法の最もわかりやすい一例といえよう。

　同じように、社会学でも歴史学でも、社会科学は、因果関係をもとめる分析では、次のように行われる[41]。

　　　可能性的には無数の諸前件　⇒　一つの特殊な事象あるいは出来事
これを、仮説構成と思考実験によって結びつける（ヴェーバーに関して言えば、プロテスタンティズムの倫理　⇒　資本主義の精神の発生？　ということになる）
　可能性的諸前件は、次のように問うことによって、その因果的意義が評価される。すなわち、

　　　もし、条件Xが欠如　⇒　結果Yは発生？　Yの欠如？　Yの変更？

　この問いに対しては、歴史において実際に条件Xを消すことはできないので、その答えは、直接史実によって確定はできない。しかし、経験則、およびその問いに関する比較証拠または状況証拠をもって、答えることができる。

　つまりヴェーバーの考えでは、次のようになる。すなわち、「プロテスタンティズムの倫理がなかったとしたら、資本主義体系は発生したか？　発生したとすれば、どのような発展の経過をたどったか？」という問いに対して、誰も、直接史実をもって答えることはできない。しかし、西ヨーロッパ以外の土地ではこのような倫理がかけていたために経済発展が遅滞したという比較証拠はある、というのである。

　資本主義の精神に対するプロテスタンティズムの倫理の重要性は、西ヨーロッパにおける「資本主義の精神」の発生が、他の因子によってより説得的に説明される場合にはじめて否定される、と言うのである。（ヴェーバーは、このような因果分析には数量的測定は不可能だと述べている。）

　つぎに、プロテスタンティズムの倫理がなかった国々が問題となる。しかしこの場合、『倫理論文』ではいわば副次的なテーマであったものが文化的社会的諸条件の総体というより広い視角のもとに検証されることになる。

註

1) Weber, Max: Die protestantische Ethik und der ≫Geist≪ des Kapitalismus, in: Archiv für Sozialwissenschaft und Sozialpolitik, 20. Bd. 1905, S.1-54, 21. Bd. 1905, S.1-110.

　これは後に，かれの3巻からなる『宗教社会学論集』（1920）の第1巻に収録された。初版に対して，G. シュモラー，L. ブレンターノ，W. ゾンバルトなどの経済学史に名を残すような学者たちからの批判が繰り広げられたが，1920年の版ではそれらに答えるような形の補筆がある。

　Weber, Max: Gesammelte Aufsätze zur Religionssoziologie, Band I., Tübingen (J.C.B.Mohr) 1920, S.17-206. 大塚久雄訳『プロテスタンティズムの倫理と資本主義の精神』（岩波書店・1989年）。

2) Weber, Max: Konfuzianismus und Taoismus, in: Weber, Max, Gesammelte Aufsätze zur Religionssoziologie, Band I., Tübingen (J.C.B.Mohr) 1920, S.276-536. 木全徳雄訳『儒教と道教』（創文社・1971年）。

3) 命名者は歴史家アーノルド・ジョセフ・トインビーの叔父の経済学者アーノルド・トインビー（Arnold Toynbee, 1852～1883年, 英人）。

4) Bendix, Reinhard: Max Weber, An Intellectual Portrait, Doubleday & Company Inc. 1962, p.50. 折原浩訳『マックス・ウェーバー——その学問の全体像』（中央公論社・1966年）55頁。

5) Weber, Max: Die "Objektivität" sozialwissenschaftlicher und sozialpolitischer Erkenntnis, in: Arch. für Sozialwiss., 1904. 濱島朗・徳永恂訳『マックス・ウェーバー　社会学論集——方法・宗教・政治』（青木書店・1971年）2-82頁。

6) Weber, Max: Gesammelte Aufsätze zur Religionssoziologie, Band I., Tübingen (J.C.B.Mohr) 1920, S.33. 大塚久雄訳『プロテスタンティズムの倫理と資本主義の精神』（岩波書店・1989年）45頁。

7) Weber, Max: a.a.O., S.181. 大塚久雄訳320頁。

8) 前掲訳書, 大塚久雄「訳者解説」388頁。

9) Weber, Max: a.a.O., S.31. 大塚久雄訳40頁。

10) Weber, Max: a.a.O., S.33. 大塚久雄訳43-44頁。

　ヴェーバーは，資本主義的企業家とか資本主義とか，あるいはその他の用語でも，「理念型」として使用している場合がある。理念型とは経験的に得られるものの平均などではなく，具体的なものの中から徹底的に整合性をもたせて構成されたものである。当時社会科学の客観性を脅かしていた，G. シュモラーに代表される歴史学派経済学とカール・メンガーに代表される理論経済学との対立の中から生まれた，ヴェーバー独特の方法論である。われわれはそれを用いることによって，現実のもつ特徴を理解するのである。

　Tenbruck, Friedrich H.: Die Genesis der Wissenschaftslehre Max Webers; I Allgemeiner Teil: Die Genesis der Methodologie Max Webers, in: Kölner Zeitschrift für Soziologie und Psychologie, 11 Jahrgang, 1959, S.573-630. 住谷一彦・山田正範訳『マックス・ヴェーバー　方法論の生成』（未来社・1985年）

11) Weber, Marianne: Max Weber. Ein Lebensbild, Tübingen (J.C.B.Mohr) 1926. 大久保和郎訳『マックス・ウェーバー　I 』（みすず書房・1963年）136-7頁。
12) Weber, Max: a.a.O., SS.43-48. 大塚久雄訳63-70頁。
13) Weber, Max: a.a.O., S.45. 大塚久雄訳65頁。
14) 青山秀夫『マックス・ウェーバーの社会理論』（岩波書店・1950年）111-113頁。
15) Weber, Max: a.a.O., S.17ff. 大塚久雄訳16頁以下。
16) Weber, Max: a.a.O., S.84. 大塚久雄訳138頁。
17) Weber, Max: a.a.O., S.72, S.77usw. 大塚久雄訳115, 125頁など。
18) Weber, Max: a.a.O., S.150f. 大塚久雄訳263頁。
19) Weber, Max: a.a.O., S.85. 大塚久雄訳142頁。
20) Weber, Max: a.a.O., S.63ff. 大塚久雄訳95頁以下。
21) Weber, Max: a.a.O., S.71. 大塚久雄訳110頁。
22) Weber, Max: a.a.O., S.92. 大塚久雄訳152頁。

23) Weber, Max: a.a.O., S.92. 大塚久雄訳 153 頁。
24) Weber, Max: a.a.O., S.93. 大塚久雄訳 153 頁。
25) Weber, Max: a.a.O., S.105. 大塚久雄訳 178 頁。
26) 27) Weber, Max: a.a.O., S.175f. 大塚久雄訳 310 頁。
28) Weber, Max: a.a.O., S.197. 大塚久雄訳 355 頁。
29) Weber, Max: a.a.O., S.182. 大塚久雄訳 324 頁。
30) Weber, Max: a.a.O., S.200. 大塚久雄訳 360 頁。
31) Weber, Max: a.a.O., S.82. 大塚久雄訳 134 頁。

　このことはまさに，「行為する当事者の主観的に思われた意味の関連を辿りつつ，その行為の目的論的関連を客観的な因果関連の枠組みに組み替える」というヴェーバーの社会科学の方法（理解社会学）の歴史分析への具体化の典型例である。

　Weber, Max: Wirtschaft und Gesellschaft, fünfte Auflage, Tübingen (J. C.B.Mohr) 1972, S.1. 清水幾太郎訳『社会学の根本概念』（岩波書店・1972 年）8頁。

　住谷一彦『マックス・ヴェーバー　現代への思想的視座』（日本放送協会・1970 年）96 頁。

32) Weber, Max: Gesammelte Aufsätze zur Religionssoziologie, Band I., Tübingen (J.C.B.Mohr) 1920, S.203. 大塚久雄訳 364-5 頁。
33) Weber, Max: a.a.O., S.37. 大塚久雄訳 51 頁。
34) Weber, Max: a.a.O., S.204f. 大塚久雄訳 368 頁。
35) Weber, Max: "Kirchen" und "Sekten" in Nordamerika. Eine kirchen- und sozialpolitische Skizze, 1.2., zuerst in: Christliche Welt, 20. Jg. 1906, Sp.558-562, 577-583, später aufgenommen in: Weber, Max: Gesammelte Aufsätze zur Religionssoziologie, Band I., Tübingen (J.C.B.Mohr) 1920, S.207-236. 中村貞二訳「プロテスタンティズムの教派と資本主義の精神」，『ウェーバー宗教・社会論集』（河出書房新社・1988 年）83-114 頁。
36) Weber, Max: Gesammelte Aufsätze zur Religionssoziologie, Band I.,

Tübingen (J.C.B.Mohr) 1920, S.205. 大塚久雄訳 369 頁。

37) 都市論については，ヴェーバーの大著『経済と社会』の中にも含まれているが，次の文献のなかにも要約がある。

　Weber, Max: Agrarverhältnisse im Altertum, in: Max Weber: Gesammelte Aufsätze zur Sozial- und Wirtschaftsgeschichte, Tubingen (J.C.B.Mohr) 1924, S.254-263. 上原専禄・増田四郎監修，渡辺金一・弓削達訳『古代社会経済史―古代農業事情』(東洋経済新報社・1959 年) 460-477 頁。

38) Weber, Max: Gesammelte Aufsätze zur Religionssoziologie, Band I., Tübingen (J.C.B.Mohr) 1920, S.83. 大塚久雄訳『プロテスタンティズムの倫理と資本主義の精神』(岩波文庫・1989 年) 135 頁。

39) Weber, Max: a.a.O., S.61 大塚久雄訳 92 頁以下。

40) Bendix, Reinhard: op. cit., pp.68-9. 折原浩訳 73 頁。

41) 青山秀夫，前掲書，51 頁以下。

第 2 章

中国―儒教と道教を生んだ国

はじめに

　まず，中国（中華人民共和国）に関する基礎データを，日本の外務省のホームページや総務省の統計によって簡単に示しておこう[1]。

　面積は960万km^2（日本の約26倍），人口は「約」13億人。民族は，漢(ハン)族が大半の92％であるが，壮(ジュアン)族1.4％，満州(マンチュウ)族0.9％，回(フイ)族0.8％，苗(ミャオ)族0.7％，ウイグル族0.6％，イオ族0.6％，土家(トウジャ)族0.5％，モンゴル族0.4％など，55の少数民族がいる。一定程度，教育の水準を示す非識字率については2008年度では9.5％（2000年度では15.0％）である。

　主要産業は，繊維，食品，化学原料，機械，非金属鉱物となっている。国内総生産（GDP）については近年急速に成長しており，33兆5353億元（中国国家統計局）となっており，1ドル＝6.83元（2009年末）で換算すれば4兆9000億ドルである。主要貿易額は，輸出1兆2017億ドル，輸入1兆56億ドル，主要貿易相手国・地域は，輸出はEU，米国，香港，ASEAN，日本，輸入は日本，EU，ASEAN，韓国，台湾となっている（2009年度，多い順に並べている）。GDPに対する輸出入貿易総額の比率は，韓国ほど高くはないが，日本や米国よりかなり高い。GDPについては図2-1で，1人当たりGDPについては図2-2で，グラフで示しておこう。のちの章で登場する韓国と台湾についても，そして比較として日本と米国についても示している。もちろん国民一人一人の豊かさについては，1人当たりGDPの方がイメージしやすいであろう。

　本章では，中国の近年の急成長にもかかわらず，なぜ近年まで経済成長が遅れたかを問題にしたい。

1. 近年の中国と中国企業

　2010年12月16日付の日本経済新聞は，日本の上場企業がどの地域で利益を上げているか，ということを2000年と2010年とで調査し比較している。それによれば，国内では74％から52％に急落し，アメリカ合衆国でも15％から10％へと低下している。逆にアジアなど新興国が9％から36％へと急増している。欧州は2％で変わっていない。日本とアジアとの経済的関係がこの10年間でこれほど緊密さが急進しているのである[2]。

　特に中国は，わが国の産業界にとってますますその重要性が高まってきている。さらに日中関係のありようは大きくそして急速に変化した。たとえば，同じ日本経済新聞社の編になる出版物でも，そのタイトルのつけ方が2000年代初頭で変化している。

　2000年11月27日号『日経ビジネス—気がつけば中国は世界の工場』

　2002年10月『中国—世界の「工場」から「市場」へ[3]』

といった具合である。経営学では企業が国際化をする場合，①輸出・輸入，②摩擦回避型投資，③コスト優位型投資，④市場立地型投資，⑤グローバル型，という5つのプロセスを踏むことが多いとされるが[4]，この説でいうと，日本と中国との関係が，2000年頃に第3段階から第4段階へと移行し，近年は企業によっては研究開発部門まで中国に立地するようになった。つまり日本の企業はとくに1990年頃から，製造コストが低いから中国に進出していたが，2000年頃からは中国を，製造拠点としてだけでなく市場としても見るようになっているということである。日中の経済関係が短期間のうちにいっそう深化したことを示している。

　また，日本経営学会などでも（2003年度，会員数約2000名），中国人の経営学者が（韓国の経営学者もそうであったが），中国では外部取締役を導入しているとか，人事評価も業績主義になっているとかというふうに，誇らしげに報告されていた[5]。確かに日本では，外部取締役の法制化は2002年に行われたば

かりであるし[6]，人事評価の業績主義もこの十数年来の動きである。

しかし図2-1や図2-2で見るように，国内総生産は2000年の場合，日本は4兆7千億米ドル，中国は1兆2千億米ドルであり，1人当たり国内総生産は，日本は3万7千米ドル，中国は958米ドルである。ともに中国は低く，とくに1人当たり国内総生産では中国は日本の約40分の1である。急成長を遂げてきたあとの2009年でも，GDPは5兆米ドルに膨らんだが，1人当たりGDPは3,800ドルで日本の10分の1に満たない。

中国における企業活動には近代産業資本主義に適合的でない，非効率的な諸側面が伝えられている。日本企業が中国において合弁でもの造りをする場合で

図2-1 日本・韓国・台湾・中国・米国のGDP
（名目GDP，米ドル表示）

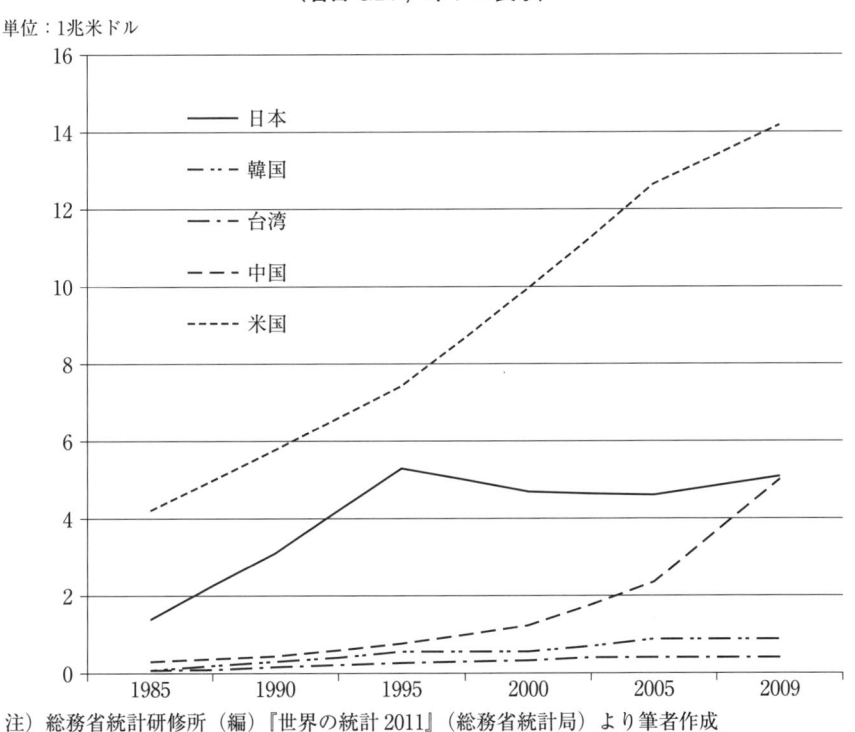

単位：1兆米ドル

注）総務省統計研修所（編）『世界の統計2011』（総務省統計局）より筆者作成

図 2-2　同，1人当たり GDP
（名目 1 人当たり GDP，米ドル表示）

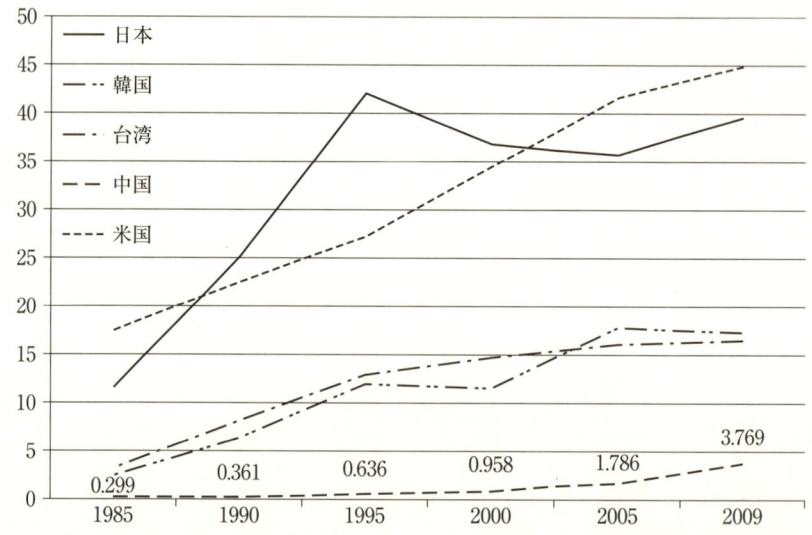

単位：千米ドル

注）総務省統計研修所（編）『世界の統計 2011』（総務省統計局）より筆者作成

　も，いろいろ問題が伝えられている。たとえば赤松弥太郎氏は，1928年（昭和3年）中国の大連市生まれの日本人であり，1947年まで中国で過ごしたのち帰国したが，自動車部品製造企業に取締役として勤務中，1997年，中国で合弁会社の責任者（総経理）として再び中国に渡り，しかしわずか1年数ヶ月で中国から撤退している。その合弁会社での業務日誌にもとづいて，中国人のものの考え方や経営習慣や人間関係などが詳細に，しかも冷静に『日中合弁企業奮闘記』に記されている（その本は筧武雄編になっている）。そこに次のように書かれている，「中国は人治の国で，内容は無関係で，派閥と面子がすべてである[7]」，「日本本社で採用した中国人留学生を現地に派遣するとトラブルが絶えない[8]」，「合弁パートナーとして責任ある任務を担いうる管理職人材が，ほとんどいない[9]」，「どこの合弁会社にも必ず一人は（共産―筆者）党組織の人間が送り込まれている[10]」など。筧武雄氏の「中国進出企業の撤退のノウハ

ウ[11]」，という付録を付して，日本企業が文化的土壌の異なる中国に進出するのがいかに難しいかを示している。中国での企業経営の経験のないわれわれには具体的で貴重な話が盛られている。

　また，中国人であるが日本の大学で法学を講じている王雲海氏は，中国社会の特色を『中国社会と腐敗』という書物で，いろんなケースを交えながら，やや体系的に述べている。王雲海氏は法学者，とくに刑法学者であるから，腐敗（日本でいう汚職）という観点から，中国社会を，権力社会および人格的官僚制として特色づけている。かれの指摘を記しておこう。

　まず，権力社会の方である。われわれがある国とか社会を特色づける場合，よく社会体制という概念を使用する。社会体制とは具体的には，社会主義とか資本主義とかいうものである。それは，ある社会の基本制度として，社会のあり方・個々人の意識・行動・生活を規定する外在的・制度的な仕組みのことである。時間的には，社会の歴史的な変化性・段階性を示す。空間的には，その社会と他の社会との共通性・同一性を示す。しかし中国という国を特色づけようとする場合，社会体制という概念では不十分である。そこで王雲海氏は，「社会特質」という概念を提案する[12]。

　社会特質とは，ある社会の原点・通用力として，社会のあり方・社会秩序の形成に中心的・本源的役割を果たし，個々人の意識・行動・生活に影響する内在的・文化的な原理・要素である。時間的には，歴史の流れ・変化によってはあまり変わらない永続的なものである。空間的には，その社会と他の社会との相違を示す法則的なものである。それは「文化」の概念より広い。社会体制より社会特質のほうが，中国の社会を分析するのに適している。そして中国の社会特質は，権力社会であるとするのである（因みに，アメリカ合衆国は法律社会，日本は文化社会とされる）。中国では，政治（国家権力）があっての経済・文化・法律なのである。近年でもそうである。表示しておこう[13]。

　　1949年〜1970年代　　　　毛沢東時代　権力社会的社会主義
　　1980年代〜1990年代半ば　鄧小平，「社会主義的市場経済」を進めたが，国家権力の主導のもとでであった

1990 年代後半～2003 年　　　江沢民，法治主義を進めるが，「国家権力が中心」は変わらない

2003 年～　　　　　　　　　胡錦涛，江沢民路線を継承

　さて，社会が権力社会化するとどうなるか。量的側面と質的側面に分けて考えることができる。

①量的側面＝国家すべてが権力化する

　・「権力社会」であるがゆえに，国家権力が，政治・経済・文化・法律などあらゆる社会領域にまで及ぶ。

　・「官」の人数が膨張する。1997 年，正式な公務員の数は約 3,800 万人。「課長級坊さん」，「課長級コックさん」まで現れる。当然，人件費が問題となる。

　・「官」の数の膨張とともに，社会関係・社会行為まで「国家権力化」する。本来，権力と関係ない私的経営者にまで，多方面からの国家権力が及ぶ。

②質的側面＝国家権力が至上化する

　・「権力社会」→国家権力がいつも社会における至上性を要求する，経済や文化の領域でも→「官」個人も，政治生活のみならず他の社会領域でも至上的・優位的地位を求める→財政などの制限により，「官」の至上性を公的に付与することは不可能→内在的矛盾→中国の歴史上，各王朝は，暗に腐敗を容認した。

　・孟子は「学而優則仕」（学問がよくできれば官途につく）といったが，中国の歴史は「昇官発財」（官になって財を蓄える）であった。「権力から金へ」は鉄則である。

　　それだけではない。権力は，金以外の利益拡大の前提・出発点である。「博士」・「教授」になる幹部公務員が続出している。

　もうひとつの中国社会の特色である人格的官僚制については，次のように述べている[14]。中国の官僚制の特質は，近代合理主義的官僚制ではなくて，なによりも「私的または人格的官僚制」である。そして，官僚制の内部関係では，個々の官僚個人が，個人的人間関係・人格的能力などの「私」的原理によって

実質的に統制され、位置付けられている。他方、官僚制の外部関係では、個々の官僚は、組織体を抜きにして個人という形・面目で、社会・顧客と接している。個々の官僚は、過剰な裁量権を持つ。その結果、官僚制は、対内的にも対外的にも、組織体としての公式性・集団性・一体性・一律性・規則性をもちえない。中国社会において、近代化が停滞してきた理由のひとつと考えられる。なお、赤松氏においても王氏においても、ではなぜ中国ではそうなったかの歴史的因果関連の分析が欠如している。

　21世紀になってわが国では、中国における企業統治（コーポレート・ガバナンス）に関する著書がいくつか出版されている。次のようなものがある。
　唐燕霞『中国の企業統治システム』（お茶の水書房・2004年）
　金山権『中国企業統治論—集中的所有との関連を中心に』（学文社・2008年）
　李東浩『中国の企業統治制度』（中央経済社・2008年）
　いずれも現在の中国の企業経営を、社会主義経済から資本主義経済への移行経済下における企業経営と捉えている。今日グローバリゼーションが進展する中、中国でも先進諸国における企業経営を参考にしながら、いかにすれば企業経営の近代化が成功するかを懸命に学習し模索している様子がうかがえる。
　周知のように、1949年、共産党一党支配の中華人民共和国が樹立された。その後短期間のうちに、土地や企業など国家の財産の大部分が（とくに工業部門は）全人民所有か集団所有に転換された。それが1978年、中国共産党中央委員会第11期3中全会において、鄧小平は、経済体制の権限があまりに集中しすぎているとして企業の自主権の拡大を主張し、改革・開放への大転換点を図った。農村部の改革から着手されたが、1980年代の都市部の経済改革を経て1992年の中国共産党第14期大会では、社会主義市場経済体制の確立の方針、国有企業の法人化さらに株式会社導入が決議された。1993年には中国最初の「会社法」（『公司法』）も成立し、1994年施行された。
　現在、中国では誰が所有者かという点から見て次のような企業形態がある[15]。

図 2-3　中国における企業形態

- ・公有制企業
  - 国営企業→国有企業→株式制に転換（含：私有資産より国有資産が多い国有支配企業）
  - 集団所有制企業
    - 都市部の集団企業（青島冷蔵庫総工場など）
    - 農村部の集団企業（郷鎮企業）
- ・非公有制企業
  - 個人企業（従業員7名以下）
  - 私営企業（従業員8名以上）
  - 外資企業（企業の法律的な代表者が中国大陸の居民ではない）
  - 混合所有制企業
    - 国有企業と非国有企業
    - 集団企業と私的所有企業
    - 公有企業と非公有企業
    - 外資系企業，香港・マカオ・台湾企業

　外資企業を除くと国有企業に大企業が多いが，この国有企業の統治においては現在でも様々問題がある。私営企業の場合には，株主が所有者であり，取締役に経営者の監督を委託するという至って単純な構造になる。しかし国有企業の場合は複雑である。まず企業経営への最初の委託者は，2008年では2,985名いる全人民である。かれらが国務院（中央政府）に委託する。国務院はさらに，国有資産・監督管理機構と地方の国有資産監督・管理機構とに委託する。両機構がさらに，取締役に企業経営者の監督を委託するということになるのである[16]。

図 2-4　中国国有企業におけるプリンシパル・エージェンシーの連鎖

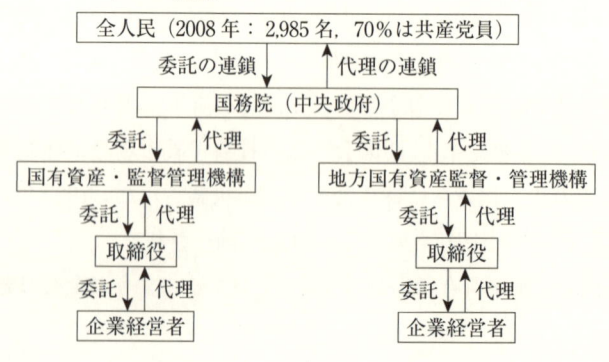

```
        全人民（2008年：2,985名，70%は共産党員）
              │ 委託の連鎖   ↑ 代理の連鎖
              ↓              │
              国務院（中央政府）
        委託 ↓ ↑ 代理       委託 ↓ ↑ 代理
     国有資産・監督管理機構    地方国有資産監督・管理機構
        委託 ↓ ↑ 代理       委託 ↓ ↑ 代理
           取締役                取締役
        委託 ↓ ↑ 代理       委託 ↓ ↑ 代理
         企業経営者             企業経営者
```

この委託（プリンシパル）の連鎖，逆に言えば代理関係（エージェンシー）が多段階になることによって，①委託者と受託者との間に情報の非対称性が生じ，必ずしも正確な情報が伝わらない，②最初の委託者から最終受託者に到るまでに反応が低下する，③委託者・受託者間の影響関係には時間とエネルギーがかかるが，それが多大になる，または中間の機関は形骸化する，④多段階化は不正と腐敗の温床になる[17]，などの問題が生じる。

1997年には正式な株式制度が導入された。それまで，先進国の企業経営モデルを学習し，検討していたのである。主に，米国・日本・ドイツの企業経営のモデルが参考にされた。そのモデルはおおむね，次のように図示できるであろう。

図2-5　日本・米国・ドイツの企業統治モデル

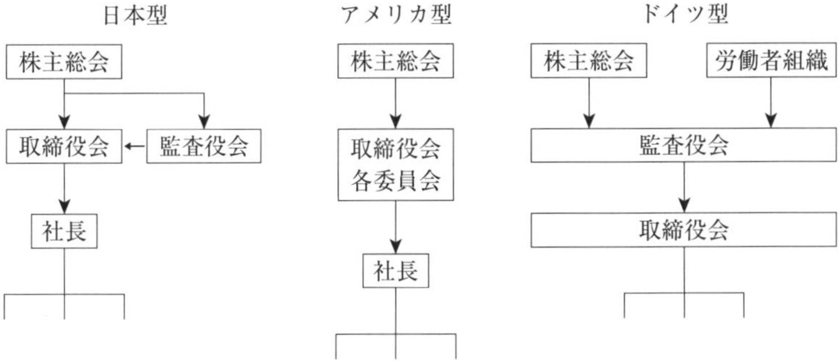

日本型	アメリカ型	ドイツ型
株主総会 → 取締役会 ← 監査役会 → 社長	株主総会 → 取締役会 各委員会 → 社長	株主総会　労働者組織 → 監査役会 → 取締役会

そこで採用された中国株式会社の企業統治モデルは図2-6に示す。取締役会と監査役会とを分離独立させている関係は日本型，取締役と経営執行役員とを分離させている関係はアメリカ型，監査役員に労働者代表を参加させるのはドイツ型である。

先進諸国でも企業のトップ・マネジメントに関しては，さまざまに改善への模索がなされているが，中国ではさらに問題が残るであろう。例えばすでに

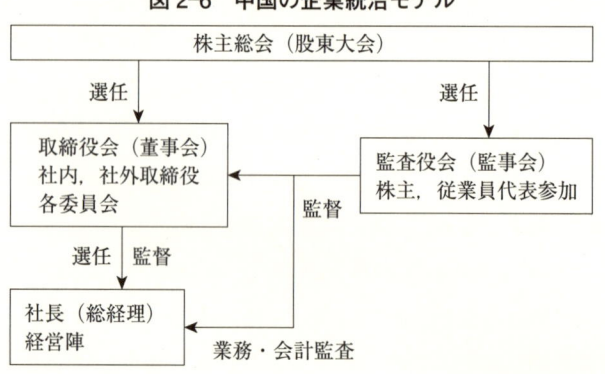

図2-6 中国の企業統治モデル

```
        株主総会(股東大会)
     ┌──────┴──────┐
   選任            選任
     ↓              ↓
 取締役会(董事会)  監査役会(監事会)
 社内、社外取締役 ← 監督  株主、従業員代表参加
 各委員会
     │
  選任 監督
     ↓
  社長(総経理)
  経営陣        ← 業務・会計監査
```

「所有と経営との分離」に関しては、国有企業の所有者は圧倒的に政府関係が多数派であって、取締役も政府の意向に添わざるを得ないであろう[18]。所有と経営が分離していないのである。少数株主の利益が損なわれる危険性がある。また、2002年からはすべての上場企業に独立取締役の採用が義務付けられたが、しかし、①当該企業の職員やその親族・株主・関連企業や組織からほんとうに独立しているか、また②独立取締役であっても他の取締役と同様、当該企業から報酬を受け取るので本当に独立を維持できるか、など疑問視する向きもある[19]。さらに企業は伝統的に、中国共産革命以来の政治的機能を有する「単位」でもあって、これがはたして「効率的に」運営されるかどうかは保証されるものではない、ともされる[20]。

企業経営は今日、世界的な競争にさらされ、伝統主義が入り込む余地が少なくなっているとみられる。しかし上述のような企業経営に関する中国の改革の動きがあるものの、前述の赤松氏や王氏の叙述と重ね合わせると、それが必ずしも合理的に運営されているとは考えにくい。さらに、本章の冒頭で述べたごとく近年の中国の経済発展が著しいといっても、それは特にほんの20年ほど前からの1990年代以降の話に過ぎない。そのうえ、この経済発展には外資系企業の功績が大きいのである。日本政策投資銀行によれば[21]、外資系企業による鉱工業生産は増加し、シェアはすでに99年に16%になっている。一方で国

有企業のシェアは28.2％まで低下している。大企業を対象とする鉱工業統計では，2000年の外資系企業と国有企業のシェアは，それぞれ27.4％と23.5％となり，逆転しているのである。われわれが中国の伝統主義ないし停滞性に注目したゆえんである。ここでわれわれが注目したのは，やはりマックス・ヴェーバーの中国論であった。

　マックス・ヴェーバーはその『儒教と道教』(Konfuzianismus und Taoismus)という論文（論文といっても，これまた立派な大著である）のはじめのほうですでに，次のように述べている。中国の貨幣経済の未発達（このことはその国の経済発展に大きな影響をおよぼす）の原因の一部は，「地相占い（風水のこと―筆者）のつけた難癖のほかに―中国の政治的，経済的，および精神的構造の中に横たわる…一般的な伝統主義（Traditionalismus）である…[22]」と。また決定的には，次のように述べている。すなわち，中国の人口は，清朝（1644-1912年）の初期と，それより1900年前の秦の始皇帝治下と，ほとんど変わらなかった。表向きは，5千万人から6千万人の間を上下したらしい。しかし，17世紀の中葉から19世紀の末葉までに，平和が続いたり治水が成功したことなどにより，人口は6千万人から約3億5千万ないし4億人にまで増加し，個別資本も蓄積された。しかし，異様に思えるのは，「住民数とその物質的状態との驚異的発展にもかかわらず，あたかもこの時代の中国の精神的特性がまったく安定した状態を持続しただけでなく，経済的領域の上においても，かの一見かくも極端に有利な条件が存在したにもかかわらず，近代資本主義的発展（modern-kapitalistische Entwicklung）への萌芽が何一つ見出されなかったことである[23]」と。

　つまり，人口の増加が緩慢で戦争が頻繁に起こっていた西ヨーロッパでは資本主義が発生したのに，資本主義の発生と発展にとって条件が整っていた中国では，それが遅れたのである。それはなぜか。われわれはこの原因を，本章の中心問題としてもよいであろう。

2. マックス・ヴェーバーの中国論

　ヴェーバーが『儒教と道教』において中国の停滞性の原因としてあげたのは，おもに，都市（Städte，これは後述する宗族主義と関係する）・家産官僚制（Patrimonialbureaukratie）・宗教組織であった。目次としては『儒教と道教』は，「社会学的基礎」として，第1章「都市・君候・神」，第2章「封建国家と俸禄国家」，第3章「行政と農業制度」，第4章「自治組織・法体系および資本主義」にはじまり，つぎに宗教指導者に関する第5章「読書人身分」，第6章「儒教的生活指針」，第7章「正統と異端（道教）」がつづき，第8章「結論—儒教とピューリタニズム」で終わっている。しかし，ヴェーバーが「儒教と道教」を書いた意図は，われわれの意図とは異なっており，少なくとも『儒教と道教』論文がその一部をなす「世界諸宗教の経済倫理」や，それらが著書として収められた『宗教社会学論集』全体の意図は，もっと広がりを持つものである，との指摘がある[24]。そういう意味では，われわれの意図は，ヴェーバーの断片的な受容であるとのそしりを免れない。しかし，この20年間ほどの中国の経済発展はいかなるものか，また今後継続的に発展していくための条件とは何なのかを示唆する，というわれわれの当面の目的にとっては十分であると考えている。また，ヴェーバーの主著とされてきた，またもっとも体系的な著書とされてきた『経済と社会』ですら，ヴェーバーのもともとの構成の意図がどうであったかが，ヴィンケルマン（Johannes Winckelmann）やテンブルック（Friedlich H. Tenbruck）を中心に論争中とあっては，われわれ非ウェーバリアンとしては，いたしかたないと考えている。

　マックス・ヴェーバーは中国という文化複合体を，しかも4000年にわたるそれを論じる場合，年代史を無視して書いている[25]。それは彼が，中国には永く変わらなかった諸側面があると認めたからである。その諸側面とは，①都市，②家産官僚制，③宗教組織，である[26]。われわれもこの順序で書いていき，さらに重要な個別問題である④中国の中央政府と地方政府との関係，⑤氏

族制度にふれたい。ここまでは，ヴェーバーが『儒教と道教』の中で，「社会学的基礎」と名づけた前半部分である。この部分は当然，互いに入り混じって書かれている。一つの社会の中でいろいろな要因や出来事がさまざまに関連しあっているからである。この前半部分の後に，⑥正統的教義の儒教，⑦異端の教義の道教と仏教，という宗教社会学の中核的内容が続いている。

上述のように，ヴェーバーは年代の順序を無視していると書いたが，しかもその理由もわかるのだが，しかしわれわれ東アジアの人間にとっては，中国史について少しは学んでいるわけだから，簡単な年表があったほうが分かりやすい。そこで下に簡単な，中国の略年表を付しておきたい。各時代を年代順に書いている。それぞれの年代ごとに，最初の皇帝名とか重要事件を付け加えた。20世紀以降はやや詳しく書いた[27]。

《中国略年表》
　紀元前15世紀　黄河中流域（いわゆる中原）に殷（商）＝中国最古の王朝成立。高度の青銅器文化，文字使用，すでに原始氏族制度が崩壊し，王を氏族長とする家父長制氏族社会を形成，政治は神権政治で，王は祭司の長として天帝の祭礼を主催し，政治・軍事・農事などの大事は占い（亀卜の法）により決定していた。
　紀元前12世頃　周の武王，東方の異民族討伐で国力が衰えた殷を滅ぼす。鎬京（西安付近）を都とする。（天命思想＝周は殷を実力で倒したが，これは天の命で殷に徳がなかったからだ，とした）
　周の王室と諸侯の関係，および諸侯と卿・大夫・士などとの関係は，本家と分家の関係であり，血縁関係を本質としている。諸侯の分布は，重要な地方には同族か功臣をあて，前代からの地方の有力な首長を遠方に封じた。古代的な氏族制度を地盤として，その上に周家を家父長とする宗族を形成しようとした。
　紀元前8世紀頃　周，衰退の兆し。　紀元前770～403　春秋時代
　紀元前249年　周，滅亡　　　　　　紀元前403～221　戦国時代

図 2-7 春秋戦国時代の中国

（右は各国の位置関係を示す）　　秦　魏　趙　燕
　　　　　　　　　　　　　　　　　韓　　斉
　　　　　　　　　　　　　　　　　　楚

秦（紀元前221～，始皇帝，中央集権的官僚支配のもと丞相〔政治〕・太尉〔軍事〕・御史〔監察〕の3官をおき，地方では郡県制を敷き36郡〔守・尉・監〕・県〔令・長〕をおく，焚書坑儒）　前漢（前202～，劉邦のちの漢の高祖，武帝の時，儒教が公認の学問に，氏族支配強化のち外戚や宦官の専横）　新（8～王莽）　後漢（25～，劉秀のちの光武帝，184黄巾の乱）　三国時代（220～，華北の魏・四川の蜀・江南の呉）　西晋（280～，魏の豪族司馬炎のちの武帝）　東晋（317～，司馬睿）　南北朝（439～，華南も重要に）　隋（589～，北朝の外戚楊堅のちの隋の文帝）　唐（618～，李淵のちの唐の高祖，中央に中書〔皇帝秘書〕・門下〔貴族代表〕・尚書の3省，尚書省のもとに行政機関の六部，翰林院〔大学〕整備）　北宋・南宋（960～，趙匡胤のちの宋の太祖，文治主義）　元（1279～，モンゴル〔蒙古〕人チンギス〔成吉思〕汗，天災があいつぐ）　明（1368～，貧民出身朱元璋のちの明の太祖光武帝）　清（1636～，女真人ヌルハチの子太宗，1840～42アヘン戦争，中華思想揺らぐ）

中華民国（1912～，三民主義の孫文臨時大統領，のち袁世凱の独裁，民族資本の軽工業，儒教文化批判）　中華人民共和国（1949～，毛沢東主席）　1950年代　毛沢東社会主義化開始。農村の集団化・産業の国有化。1958年　農業・工業の飛躍的発展を目指す「大躍進運動」。しかしやみくもな工業化政策のため，食糧不足により1500万人以上が餓死。1962年　復活した鄧小平が「黒い猫でも白い猫でもネズミを捕る猫はよい猫だ」として，柔軟な経済政策。1966年　毛沢東，資本主義的な要素を排除する文化大革命で巻き返し。ために，鎖国状態，経済の長期低迷。1976年　毛沢東死去。江青ら四人組が逮捕，文化大革命終結。1978年　失脚していた鄧小平復活，「改革・開放」政策の開始。1980

年代　深圳など経済特区。1989年　天安門事件で軍が民主化を唱える学生らを武力鎮圧。中国は世界から経済制裁。1992年　鄧小平，改革・開放の再加速のため「南巡講話」。1994年〜　経済回復。

　ヴェーバーによれば，歴史時代から周王朝滅亡までが封建制，秦王朝から清王朝滅亡までが家産官僚制ということになる。封建制とは，統治の特定のタイプのことである。これは，支配者とその封臣との忠誠関係にもとづいて組織化される統治形態のことである。封臣は，世襲的に封として授与される土地において多少とも自律的統治権を行使する独立かつ装備自弁の戦士である。他方，家産制も，統治の特定のタイプのことである。王の家計の多少とも直接の拡張として組織化されている統治形態である。王の官吏は，王の家計の従僕として発生し，個人的な従属者である。家産制と家産官僚制の違いは，家産制には管理幹部と管理のための物的手段がないが，家産官僚制にはそれらがあるということである。封建制も家産官僚制もともに，ヴェーバーの支配社会学における「伝統的支配」に属する。伝統的支配の正当性の根拠は，伝統に対する敬虔の情（Pietät）である[28]。ヴェーバーは，中国の封建制の時代にもなみなみならぬ注意を払ったが，中国の永続性の刻印は家産官僚制の時代のほうに押された。

①都　　市

　中国の都市と西ヨーロッパの都市とは，同じ点もある。城塞をかねた諸侯の居住地（Fürstenresidenz）であり，商業と手工業生産の中心であり，個々の地区はギルドの統制下にあり，都市の貨幣は地代や職禄や交易から得られ，消費された。もっとも，中国ではその後，都市は諸侯ではなく総督（Vizekönig）その他の有力官僚たちの居所になった[29]。

　しかし中国では（オリエントの都市もそうであるが），西ヨーロッパとちがって，都市は一度も政治的自由を獲得しなかった。都市は，法制上・軍事上，独立した区域をなすよりも，いくつかの「村落的区域」ないし村落的ブロックか

らなり，単一の法人として機能することがなかった。

理由は，第一は，中国では，氏族（宗族）の桎梏が一度も打破されなかったからである。都市の新入居者（特に富裕者）は，祖先崇拝をしつづけ，祖先の地で重要とされていた儀礼上・情誼上の関係を維持しつづけ，郷里ないし本籍地との紐帯を保持しつづけたからである。ヴェーバーは書いている，「都市自由の獲得が，西洋的な形式においてなされるということは，次の理由からだけでも，生じがたかった。その理由とは，氏族（Sippe）という紐帯が（中国では―筆者）決して脱ぎ捨てられるということがなかったからである[30]」と。

キリスト教は，個人と神（Gott）との関係を強調したが，中国では，霊（Geister）と人間との関係の基礎に，氏族の紐帯があったのである。

また，中国の商人ギルドや職人ギルドは，その成員に対してかなりの力を振るったが，そこでの連帯よりも，その基盤となった氏族と同じく，皇帝とその官吏の恩顧を得ようとして争いあう団体となった[31]。

かくて，中国諸都市の居住者は，明確な権利と義務をともなう都市の自律的管轄権に服する市民という，1つの独立した身分を形成することがなかったのである。

② 家 産 官 僚 制

中国の諸都市が自律化しなかった第二の理由は，第一の理由と同じくらい重要なことであって，それは，帝国の統治が，西ヨーロッパなどと比べて，早くから（ほぼ前3世紀から）中央集権化されたことである（中央集権化は古代エジプトに比べると完全ではなかったが）。

理由は，①大河川（主として黄河）において繰り返される洪水の危険や内陸航行のためや農業上の灌漑の必要から，水路・ダム・運河が建設される必要があった，②遊牧民の侵入から国をまもるために，辺境地方に要塞（有名な万里の長城）をつくる必要があった，などである[32]。

初期の中国の支配者たちは，官僚機構を意のままにすることによって，常備軍を組織し，これを中央から統制した。将校と兵卒は，政府の倉廩（そうりん）から装備と

糧食を得た。そして地方で補充される兵士は，支配者への反抗を極小化するために，ふつう郷里から遠く離れた地方に赴任させられた。

しかし，地方分権化の傾向がなかったかといえばそうではない。たとえば軍事の領域において，兵卒の補充は地方官吏の掌握するところであった。諸都市はみずから「市民軍」を組織することはできなかったが，特に火急の場合，地方の豪族はみずから私兵を組織することができた。しかし，帝国政府は，官吏に対する統制を強化し，この非常時の軍隊を解体させ，大体において地方の独立の傾向を阻止できた。

中国における地方の貴族的氏族の権力は，地理的広さ（日本のざっと25倍）や原始的な交通事情のために，すでに早くからかなり強力になっていた。しかしなぜ，統一的に中央政府に対抗できなかったか。ヴェーバーは，その答えを，地方の権力が「拡張された親族集団」（宗族）の手ににぎられていた，という点にもとめた。拡張された親族集団とは，先祖代々の土地にすむ諸家族，町や郡都にすむ商人や官吏の諸家族，宮廷で皇帝に仕える官吏の諸家族，の総体である。すむ場所が異なっていても，地縁・血縁でつながっていたということである。

彼によれば，この氏族の強さは，部族の首長ないし諸侯の，独立の権力に基因する。すなわちかれらは，超自然的ないし超人間的資質（カリスマ）を持つと信じられ，このカリスマがかれらに支配力をふるう資格を与えた。この資質（カリスマ）は男系を通じて世襲されると考えられた。その男系の子孫は，けっきょくのところ，勝利をとげた支配者（周王）の居住地を中心とする版図に加入し，それらの氏族の中では，周王の氏族が優位をしめたのである。

周王は，かれら首長一族からその土地をことごとく取り上げようとはしなかった。E. H. パーカーの『簡編古代中国』（ロンドン・1908年）を参照しながらヴェーバーも書いている，「カリスマ的氏族の祖霊の力のために，屈服した酋長の家族の土地をすっかり奪うことは，しばしばまさしくはばかられたようにみえる[33]」と。なぜなら，カリスマ的氏族には強力な祖先の霊が宿っていると信じられたからである。そして，貴族的氏族の一員であり世襲的家格をもつ

家族の一員であるがゆえに, 一定の位の官職に任ぜられた（西ヨーロッパでは逆で, 自由な投託と叙任→封臣になり, 封土を与えられる→相対的に統合された身分的地位がつくられる）[34]。

　国内が早くから中央集権化され, 家産官僚制が確立したことは, 政治権力を求める闘争が, 土地の分配ではなく, 官職の分配をめぐって展開されたことを意味する。世襲貴族の成員は, 官職の任命, 官職から得られる俸禄・租税収入をもとめて争った。そしてこの仕組みがいったん確立してしまうと, 官吏層に既得権益となって永続化される傾向が生じた。行政組織を合理化する改革はいかなるものであれ, この既得権益を損なうものとして阻止された[35]。

③宗　教　組　織

　中国文明の第三の特徴は, 西欧におけるような宗教的予言と勢力ある祭司層とがなかったことである。

　皇帝が最高の世俗的支配者であると同時に, 帝国の最高祭司であった。偉大な諸神への礼拝は, 国事として皇帝の主宰するところであった。したがって宗教的な抵抗勢力が生じにくかった。（天・地『后土』・皇帝の先祖, の崇拝の順位があるが, これが, 古代ユダヤ教と違って, 宗教的予言の挑戦を一度も受けなかったのである[36]）

　皇帝は, 教養ある俗人の官吏によって支持され, 官吏は, 祭司が政治的勢力をもつことに反対した。かれらは宗教を, 大衆を手なづけるのに有用な道具とみなした。皇帝の権力を宗教的に神聖化することによって, 社会秩序がよく維持されると考えた。皇帝の権力は, 英雄神や呪術的な霊を尊ぶ民間信仰よりも上位に置かれた。

　したがって, 中国の宗教は, 次の3つからなる。すなわち,
　ⅰ）皇帝が最高の祭司としての役割をはたす国家祭祀
　ⅱ）国家によって支持される祖先の霊への信仰・崇拝
　ⅲ）中央政府によって多少とも容認される弱小の民間信仰
　（中世ヨーロッパでは, 教会が何世紀も世俗的支配者をおさえ, 支配者も民衆も同

一の信仰を表明した)

④中国における中央政府と地方政府との関係

ヴェーバーは,朝廷政府と地方との関係において,分析の焦点を,中央政府の官僚制と地方自治という2つの対抗力の均衡においた。皇帝によって任命される地方長官と都市や郷村における地方行政との関係である。この関係において,租税の徴収は特に重要になる。地方官吏には,次の2種類がある。

地方官吏 ┌ 地方長官…彼のみ皇帝の完全な自由裁量によって任免できる(このことは中央政府の弱体性をしめしている)
        └ 下級属吏…一部のみ地方長官の推薦によって中央政府が任命する

皇帝の地方長官に対する,家産制政権に固有の定型的な方策として,次のものがあげられる[37]。

ⅰ) 官職への任命は,出生や家格によって決めるのではなく,試験によって決める(特に漢王朝以降)。合格した試験の数・その順位・配った「進物」の多寡によって,ある一定の官職に任命した

ⅱ) 官吏の任期が短い。正式には3年,のち,別の地方に転任した。農民にとっては,役人が税を取るために入れ替わり立ち代わり来ているに過ぎない。官吏の成績は3年ごとに検討し,功績・失政・原級留保・昇進・左遷が理由とともに記録され,大部分を公表した

ⅲ) 官吏の郷里に赴任させることを禁止した(本籍回避の制)

ⅳ) 一人の官吏の管轄下でその親族を用いることを禁止した

ⅴ) 徹底的なスパイ制度=御史をもうけた

このようにして,官吏が封建制下の封臣のように独立した権力をもつことを阻止したのである。

この結果,次の3つの重要な帰結が生じた[38]。

ⅰ）長官は親族・友人・個人的な庇護者を，中央政府による任命の候補者にしきりに推薦した

　ⅱ）任期が短かったため，役得（官職に就くことによる利益）を最大限利用しようとした。自己の過去の教育費・進物・官職を買う費用のために借財をしており，また俸禄は十分でなかったからである

　ⅲ）長官の布告が，命令として十分に実行されなかった。未知の赴任地で，生え抜きの一定の資格をもつ通訳や非公式の顧問（幕僚）を選任し，その仕事に頼ったからである

　以上を，租税を中心に簡単に図式化すると，次のようになるであろう。

図2-8　中央政府・官吏・国民の関係

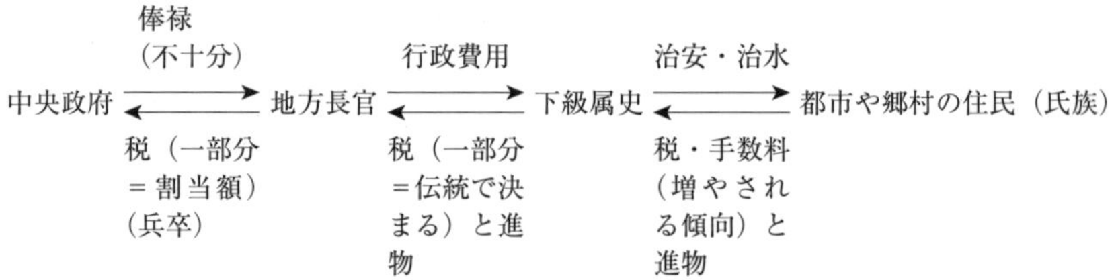

```
            俸禄                                      
            （不十分）        行政費用       治安・治水
 中央政府 ←――――→ 地方長官 ←―――→ 下級属吏 ←―――→ 都市や郷村の住民（氏族）
            税（一部分       税（一部分     税・手数料
            ＝割当額）       ＝伝統で決     （増やされ
            （兵卒）         まる）と進     る傾向）と
                             物             進物
```

　地方長官に課される税の割当額は，土地の面積と納税者の頭数とを基礎に算定されていた。長官は，面積と頭数をじっさいよりも少なく見積もった（14世紀から17世紀にかけては約40％少ない。逆に離任直前には，行政よろしきを証明するため，じっさいより多く見積もった)[39]。

⑤氏族制度

　氏族の所在地はもともと郷村であった。そこには祖先祠堂があった。祭式装具や氏族によって承認された「道徳律」もあった。氏族の凝集性は，先祖の霊の力への信仰がその基礎にあった。その連帯は社会的・経済的機能をもち，強固であった。たとえば，法制上は犯罪が起こった場合のみ，氏族の連帯責任が問われたが，実際は，信用の保証・寡婦や老人など困窮者への援助・医療・看

護・教育・葬祭に必要な費用や労力の提供におよんだ。また，氏族単位の財産があり，必要とする氏族員に貸与された[40]。

これらの協議のため，氏族会議が招集された。それは，世襲カリスマと民主主義的原理の結合したものであった。既婚男子はすべて同等の特権があった。未婚男子は氏族会議で意見を述べるだけであった。女子は，氏族会議からも相続権からも排除された[41]。

氏族内の個々の家計をそれぞれ代表する長老たちによって，管理機関が構成された。その機能は，租税の徴収・財産の管理・収入の分配であり，わけても祖先の礼への供儀の祭式に列席し，祖先の霊廟や義塾に出向くことであった。

この氏族会議は，その成員に対して強大な支配力を行使した（法制上も認められていた）。成員も氏族との紐帯を断とうとはしなかった。なぜならこの集団は，祖先の霊を祭る半年ごとの儀式の単位であったし，低い利率で借金ができる資金源でもあったからである。また，勉学する意欲があるものを選んで，教育や受験に必要な費用とか，あるいは最後に官職を買う費用なども工面したからである。ここには，皇帝の行政権は及ばなかった。

他方，都市は，とヴェーバーはいう，「一般的には先にすでに暗示しておいたように，まさしく以上の結果として『故郷』ではなかった。むしろ本来は，その住民の大多数にとって典型的な『異郷』であった[42]」と。

さて，以上のような社会構造から，なぜ中国では資本主義経済が発展しなかったかが分かる。
①氏族外の土地所有者・金貸し・雇主から，氏族がその成員を保護した→借金の返済がとどこおる・自由な労働市場が成立しない・労働の規律がない

その上，貨幣経済の発達は土地財産の譲渡がうながしたが，土地の売却は政府によって禁止されたか，氏族によって規制された（土地譲渡は，その土地に宿る祖先の霊の平安を乱し，呪術的な災禍をまねくと考えられていた）
②政府が家産制的組織の形態であった→行政が合理的な方向へ発展しなかった（官吏個人の収入と国家の歳入とが混同される，また身分の貴賎なく能力や技術を持

つ人材の登用がさまたげられる）

③祖先崇拝と親孝行の規範があった→現役官吏は，出身氏族に対する義務を負う（官職につくまでの教育と資金にかんして）

④同じような諸要因の結合から，資本主義の発展を促すような法制上の発展が阻止されたということがある。つまりまず，郷村を基盤とする氏族の至上権と自衛力とがあった。したがって，裁判官は人物や情状を考慮し，神聖な伝統や家族的関係にかんする一般的に受容されている観念にもとづいて判決を下した[43]。（このことはすなわち，西ヨーロッパの自然法の概念が欠如していたことをしめしている。西ヨーロッパでは，①法律家が一個の独立した身分を形成した，②都市の企業経済が，訴訟手続きの定式化を要求した，③絶対主義国家の官吏が，訴訟手続きをととのえることに積極的利害を持っていた。こうして西ヨーロッパでは自然法の概念が成立）

　中国では，資本主義経済の発展をうながす条件はあった。つまり，

　①清王朝（1636～1912年）のもとで，とくに1700年頃から以降は，泰平が続く，

　②河川の管理が行届き，洪水が少なくなった，

したがって，

　①著しい人口の増加（16世紀末期約6千万人から18世紀初頭には約2倍に），

　②多大の私財の蓄積，

があった。その他，

　③郷里のそとで土地を獲得し住みつく自由の増大，

　④職業選択の自由の増加，

　⑤教育の普及や軍備義務から開放。

　しかし，資本主義が発展しなかったのは，上述の氏族制度や家産官僚制の存在もあるが，中国のエートス（Ethos，読書人層の身分倫理の特有の精神構造）[44]によって補強されていたからである。ヴェーバーの宗教社会学本来の領域に立ち入ろう。

⑥儒　　教

　ヴェーバーは，「世界諸宗教の経済倫理」論文の始めのほうで，つぎのように宗教指導者の意義を強調している。すなわち，世界の大宗教は，たとえば階級的利害のイデオロギー的反映としてではなく，宗教思想そのものとして発生した。したがって世界宗教は，まず「その告知や約束の内容」に即して研究されなければならない。それは教義であり，人間と神との関係にかんする体系的概念である。そしてそれは「宗教生活の合理化」をともなうが，この「合理化」に従事する人々の集団，すなわち祭司（プリースト），預言者（プロフェット），その他が重要である。このような集団の出現，社会におけるその地位の変化，その「物質的・観念的利害」を分析することによってはじめて，宗教的諸観念が社会に及ぼす影響を理解しうる[45]，と。したがって，かれは本来の宗教社会学に関する後半の章を「読書人身分」という章からはじめている。

　ヴェーバーは，「読書人身分」（Literatenstand）の章を「中国では，1200年来，教養，特に科挙の試験によって確認された官職就任資格のほうが，財産よりもはるかにつよく，社会的等級を決定した。中国は，もっともひたむきに，ヨーロッパの人文主義時代や最後にはドイツなどよりはるかにひたむきに，文学的教養だけを，社会的尊敬（sozialer Rang）の尺度にした国であった」という言葉で始めている[46]。

　政府の官吏は，2000年以上にもわたって，中国の支配層であった。その典籍的教養（＝文学的教養）が，社会的威信の尺度であり，官職につくための基本的条件であった。

　しかし中国の読書人は，礼に精通し，詩文や典籍（書物）の教養があったが，聖職を授けられた祭司や牧師の身分ではなく，俗人の身分であった。インドのバラモンのような世襲的身分でもなかった。

　儀礼書・暦・年代記・天文学が古典の一体系をなし，この古典には呪術的な力が宿っているとされ，それらに精通することによって，中国の読書人は「呪術カリスマ」を，すなわち異常な能力を獲得すると考えられた。しかし，共同態の運命は，あくまで皇帝・諸侯・氏族の長老がにぎり，彼らが世俗的な意味

で秩序正しい行政を行う責任を負い，また霊に影響力をおよぼす課題をもっていた。混乱や災禍はすべて，彼らがその責任や課題を正しく果たしていないことを意味した。読書人がもっている儀礼書や暦や星に関する知識は，天の意向を見分けるために必要とされた。こうして，読書人だけが皇帝や諸侯に，正しい公務遂行と私生活に関する助言を与えることができたのである。

ここで読書人の系譜を簡単に書いておこう。日本では諸子百家といわれるものの系譜である[47]。

図2-9　諸子百家（＝読書人）の系譜

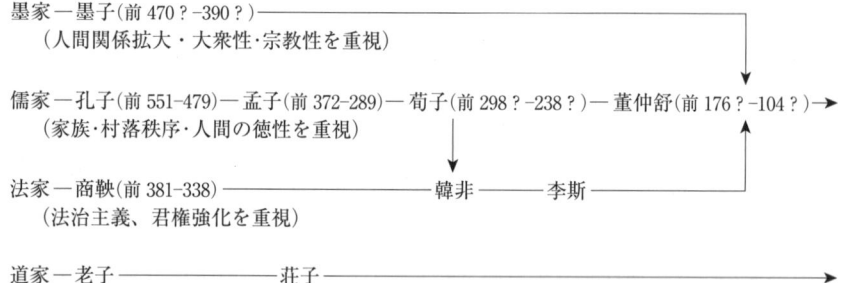

```
墨家―墨子(前470?-390?)―――――――――――――――――――――┐
　　(人間関係拡大・大衆性・宗教性を重視)　　　　　　　　　　　│
　　　　　　　　　　　　　　　　　　　　　　　　　　　　　　　│
儒家―孔子(前551-479)―孟子(前372-289)―荀子(前298?-238?)―董仲舒(前176?-104?)→
　　(家族・村落秩序・人間の徳性を重視)　　│
　　　　　　　　　　　　　　　　　　　　　↓
法家―商鞅(前381-338)―――――――――韓非―――李斯―――――――
　　(法治主義、君権強化を重視)

道家―老子―――――――――荘子―――――――――――――――――→
　　(隠遁，無為自然を重視)
　　(儒家が一番重要であって、最後まで残ったのは、この儒家と道家である)
```

儒教徒は，次のような古典を教義の中心としたのである。

『詩経』（儒教古典の最古のもの）…英雄の歌は，ホメロスの叙事詩やインドの叙事詩と同じように，戦車に乗って闘う王の話がある。しかしこの王は，たんに強い英雄だから勝つというのではなく，天の霊の前で道徳的に正しくふるまい，カリスマ的諸徳が優秀だから勝利者となるのである。敵は，古来の習慣を侵害し，民衆に災禍をもたらしたために，英雄としてのカリスマを失い，負けるのである（天命思想）。古来よりある単なる英雄崇拝の詩を孔子がこのように校訂したとされる。

『春秋』（年代記）…あきらかに孔子の作とされる。軍事活動と征討に関する，きわめて無味乾燥な説明を含むだけ。かれは，英雄的な徳を賛美することを拒否した。孟子も，中華内部の戦争は正当ではない，と主張した。古典の中に出

てくる諸侯や宰相の言動は，倫理的にふるまって天に報いられる支配者の模範そのものである。そこでは，官吏制度・功績に応ずる官吏の昇進が賞讃の的となっている。しかも，軍人は軽蔑されていた[48]。

読書人が優勢をかちとる過程は，何世紀にもわたった。

春秋時代（前770-403，孔子が生きた時代）…官位への任命は，「有力な家族たち」（社会が平安であるかぎり）と「資質」であった。

漢王朝（前202-後220）…官位への任命は，能力とは関係なく，よい縁故をもつ富裕な家族の出身者によって占められた。しかし，候補者訓練の制度が確立した。官吏に，儒教の倫理的な掟を植付け，1つの身分倫理を確立した。

唐王朝（618-906）…訓練制度の翰林院(かんりんいん)の設立と，試験制度＝科挙（予備試験・反復試験・中間試験という精緻な試験制度）の確立（690年）。

これらの措置によって，読書人層の社会的地位が公的に規定され，官職はもっぱらこの身分から補充された。

祖先崇拝が行われているにもかかわらず，ある人の社会的地位を判定する場合，祖先が何人いるかということではなく，その人の官職上の地位によって決まった。祖先の廟をもつことが許されるかどうかも，官職上の地位によって決まった。社を祭られている神の地位さえも，その都市の官吏の地位によって決まった。

また，科挙→位階秩序の制度化→候補者間に官職を求める競争と闘争→候補者たちが結束して封建的性格を持つ官吏貴族となることを阻止，すなわち皇帝に対抗する自律的身分の形成を阻止→皇帝の利害と一致，という図式からわかるように，科挙は皇帝の利害と一致した[49]。

さらに，官吏の高い威信は，ある種の民間信仰によって支えられていた。古くからどこでも，書き物や文書には呪術的な意味があると信じられており，そのためかれらの印章や筆跡には半神聖的・治療的効力が宿ると考えられていた。官吏はこのことに関して及第しており，したがって「神」の担い手であり，高い呪術的能力をもっているとみなされた。中国の民衆は概して官僚嫌いであったが，しかし「科挙試験の技術と実質的内容は，まったくの世俗的性格

をもち，一種の『読書人教養試験』を現出しはしたが，それでも一般民衆の見解は，まったく別の呪術的・カリスマ的意味をこの試験に結び付けていた[50]」のである。

中国の教育の目標は，ある種の内面的・外面的生活態度に，いわゆる君子（Gentleman）に人間を陶冶することである。古典に熟通し，古典にもとづく思考様式や行動規範を身につけさせることである（封建時代＝殷・周には武術と舞踊もその教育内容に含まれていた）。呪術的能力や官吏の専門的能力を養成することではなかった。論理的推論の訓練は，すなわち地理・自然科学・文法は教科になかった。算術の練習もなかった[51]。

その目標は，世界と人間が，「神と鬼」（Schen und Kwei），「陽の気と陰の気」という基本的な二元論（Dualismus）を包蔵しているという思想のなかにあらわされている。つまり，教育の目標は，人間の霊魂のなかに「陽の気」が展開するのを助ける，ということである。ある人間の内部で陽の気が鬼神怪力を完全に抑えてしまえば，かれはもろもろの霊に力をふるうことができるようになる。ということは，古代の観念によれば，彼が呪術的な力を持つということである。ところが，善なる霊（gute Geister）は，世の調和を守護する聖霊である。そのため，この調和の似姿にまで自己を完成することが，かの呪術的な力を獲得する最高の，しかも唯一の手段となる。殷や周の時代では「勇士」であった「君子」は，読書人が活躍した時代には，あたかも芸術作品であるような全面的な自己完成に達した人間のことである[52]。

中国の官人は，古典にかなう礼を模範的な正しさで実行することにより，かれの身分的資質すなわちカリスマを証明した。また，その任期の行政を「円滑に」なしおおせることによって，そのカリスマを証明しなければならなかった。

この教育の基礎の上に，儒教は，読書人の身分の利害や理想にかなうように，人間の性質と社会生活を評価した。

儒教の教義は，政治と社交とにかかわる倫理的格率から成り立っている。偉大な霊が支配する宇宙秩序の一部に社会秩序があり，そこでは人間が自己の真

の性を発展させることによって，天に仕えることができる。人間の性はもともと善であるから（性善説），もしそうならないなら，それは教育が十分でないからである。自然と社会の混乱も，官吏の指導の乱れによるものであり，品行正しきを得た官吏によって回復される。

儒教は，礼節（Anstand）に関する格率を強調する。教養ある人士は，しかるべき尊敬の念を持って古来の儀式に参加する，立ち居振舞いが優雅で落ち着いている，礼儀正しく威厳がある…。

このような人間観は，魂の調和をかき乱す熱情とか見栄などを受けいれる余地を持たないし，世俗からの離脱も許容しない（このことは次に述べる道教批判につながる）。儒教は，仏教やカトリックとちがって，救済の観念（Gedanke einer Erlösung）を持たない。正統の儒教は，「来世」のためではなく，現世における運命，すなわち，長寿，嫡子の誕生そして富のために，先祖崇拝の儀式を行う。

儒教は，社会秩序と人間の内面的平安のために，あらゆる徳，元徳のなかで「孝悌」（Pietät）を最高位に置く[53]。そして，官僚の最も重要な身分的義務は無条件の規律服従であり，孝行は，規律を無条件に遵守するかどうかを見分ける試金石とされた。

経済生活の面では，儒教は，教養ある人士が経済的業務の管理をすることは道徳的に疑わしい，とする。富そのものは非難されないが，富の追及は，社会不安と個人的不安の源泉だからである。「利欲（Gewinnsucht）を，師匠（孔子のこと—筆者）は，社会的不穏の源泉とみなした[54]」。官職を保有することのみが，優れた教養ある人士にふさわしい，とする。

儒教においてはこのように，君子であることは，道具ではなくて自己目的である。

⑦道教と仏教

儒教によれば，宗教組織には，①偉大な神々へ礼拝（国事であるが，やがて単なる儀式となり，情緒性・魅力がなくなる），②祖先礼拝（①が魅力がなくなる

ため，万人に要求される），③数多の民間宗教（道教や仏教など。国家によって，たんに許容される）があるとする[55]。儒教は，民間宗教に軽蔑と疑惑の目を向けたが，妥協した。

　このような，一地域における宗教組織が多層的であることは，他の時代・地域でもあったことである[56]。たとえば，古代ギリシアでもそうであった。そこでは，都市国家の支配者と哲学者（教養ある少数者，例えばプラトン）とは，形而上学的思弁，呪術をともなわぬ教義を信奉し，大衆は，伝統ある民間の宗教を儀礼し，ホメロスの神々や英雄神を信じた。そして，古代ギリシアでは結局は，大衆の側が優勢であった。西ヨーロッパでも，民間の教えであるキリスト教が，少数者のギリシア哲学に打ち勝った。しかし，中国では逆であった。中国では結局は，儒教が，道教や仏教などの民間の宗教的信念より支配的になる（完全ではなかったが）。仏教については，とくに845年の唐の武宗のときの大廃仏が，その勢力を弱めた。このことと，西ヨーロッパでは，民間の宗教運動であるピューリタニズムが，合理的秩序形成を促進したのだから，この点でも，中国の民間信仰の性質を分析する必要がある。このように，ここでヴェーバーに依拠しつつ老子や荘子を書くのは，哲学者としてではなく，かれらの社会学的地位と影響とにおいてである。

　儒教も道教も，同一の古典文献を基礎としていた。両者とも，宇宙の永遠の秩序，秩序ある変化を意味する「道」（Tao）の観念を共有していた。両者とも，読書人からなり，人間の幸福は，来世における救済よりもむしろ，支配者の資質によって決まるという見解を持っていた。両者とも，伝統的な神々を受容し，善良な霊たる「神」や悪意のある「鬼」の存在を信じた。鬼神や悪霊をなだめておけば，よい統治が行われ社会秩序の平安が保たれる，と考えた。ヴェーバーはのべている，「中国においても，他の地域と同様に，原初的な形態は，善良な霊と悪意のある霊との，つまり『神（しん）』と『鬼（き）』との，二元論であった。この二者は，宇宙全体に充満し，自然現象のうちにも，人間の行動や安否のうちにも現れた[57]」と。

　孔子も老子もともに，自我の完成を，人間の最高の希求事とみなした。しか

し，この自我の完成という目的そのものに関して，二人はまったく違った見解を持っていた。儒家は，教養ある人士が隠遁の生活をしてはならない，官吏が世を離れて独居に引きこもるのは，国家の統治が貧困である場合に限り許される，と考えた（孔子は後半生，そうであった）。しかし老子は，官職につくこと自体を拒否した。

儒教は「君子」(Gentleman) を理想としたが，老子は神秘家たる「至人」(Heilige) をそれよりも理想とした。彼は儒教的伝統の枠内にとどまっていたが，現世の受容と礼節の理想を「小徳」と称し，倫理的完成たる「大徳」と対比せしめた。人間は，神秘的瞑想によって自己の善性を，「世をしのんで生きること」によって謙譲を，全うすべきである。人間は行為を最小限にとどめることによって恩寵の状態を証明できるが，この恩寵の状態が，地上における永遠の生と，おそらくはまた，来世における永遠の生との最良の保証である，と考えた。このようなことから，老子の追従者たちは，小共同態での自給自足をよしとし，官僚制は最小限にすべきだ，と考えた[58]。こうして老子の後継者たちは，老子の神秘主義と遁世とを入念に仕上げ，儒教との差異をひろげ，民間宗教の呪術的慣行と人格的諸神に近づいていった。

老子の追従者と考えられる荘子は，儒教の元徳である「仁」・「礼」・「義」・「智」に対して次のように解釈しているが，そこにおいて，両者の対立がよく現われている[59]。

①「悟性」をもとめることは，外的事物への執着を意味する。
②「理性」を求めることは，言葉への執着を意味する。
③「仁」は，自己の徳行の混乱を意味する。
④義務を行うことは，自然の法（道の全能）に対する反逆を意味する。
⑤礼を墨守することは，外的事物への執着を意味する。
⑥音楽は，悪習を意味する。
⑦神聖なるものにこだわることは，作為を弄することを意味する。
⑧知識をもとめることは，些事拘泥(さじこうでい)を意味する。

道教は，世俗的な事柄が個人の生活の中に浸透することに反対した。それが

個人の内面的調和を乱すからである。また，儒教は呪術を許容しただけであったが，道教は，呪術の使用を奨励し，培養した。このように，老子の追従者の一部は，知識人的な遁世と世俗的な呪術とを融合した。その呪術とは次のようなものである[60]。

 暦に関する知識…はじめは農業に，後にはいろいろな課業や儀礼上の義務に発展。
 占星術…呪術師や雨乞い師は，金星の出現・地震・奇形児の出生などを多くの現象の兆候とし，鬼神の動静を告知。
 医術・薬術…寿命を延ばす，というような呪術的方向へ発展。
 体操・呼吸法…健康・治療の効果向上に役立つと信じられた。
 風水…無作為に泥土や小石を落とし，その形によって，建築の時期・建物の形態・方角を決める。典型的には，墓石。

 道教はこのような俗信を助長することによって，次のような世界観・宇宙観の創造をうながした。すなわち，世界や宇宙には，いたるところに狂暴な鬼がおり，呪文と反対呪文の効験によって静動がきまり，人間の運不運がきまる，という世界観・宇宙観である。

 この世界像は，経済生活に対して重大な影響をもった。たとえば道教は，原則として，いっさいの革新（Neuerungen）に反対した。「『改革を実施するな』という原則の明白な定式化が道教のものとされている…[61]」。革新は，鬼の怒りを招きやすいという理由からである。このような悪鬼信仰から，道路・運河・橋梁などの，自然に対する技術的・人工的加工は，危険であり，どうしても必要な場合でも，特別な呪術の用意が必要とされた。そうして，中国の経済発展は著しく阻害されたのである[62]。

 この呪術信仰はしかし，中国社会の統合的部分をなしていた。道教の伝統につながる呪術師は，これによって経済的利益を受け，大衆は約束と情緒的満足を得，正統儒教は，大衆の台頭と皇帝の独裁とから社会秩序を守ることができた（皇帝の恣意を阻止しうるのはこの鬼だけであったので）。

 このような諸利害の相互的適応こそが，中国社会の安定性を説明できる主要

な理由である。しかし，呪術を許容した儒教と儒教を受容した道教とは，しばしば潜在的・顕在的対立関係にあった。たとえば漢王朝の時代に，道教の指導者たちは秘密結社を結成し，農民の礼拝を組織化した。この結社は，184年に告発され，その結果，革命的な運動「黄巾の乱」が勃発した[63]。これは，結局は鎮圧されたが，この道教団の世襲の教祖（張魯）は，215年に，支配当局によって宗教的機能をもつと承認された。彼はのちの，政治的に重要なはたらきをした多くの道士（呪術師）の始祖である。

道教は（仏教もそうであるが），遁世と瞑想的救済追求とを強調することによって，大衆の間に従順な服従的態度を育てる傾向があるが，道教の呪術師はしばしば，宦官や将軍などの皇帝の寵臣と同盟を結び，おもに官職と利権の分配をめぐって，儀式を司り教養を重んじる儒教に対抗した[64]。しかし，道教が血縁関係を拒否したり，典籍の試験にもとづく社会の位階秩序全体を拒否したりすることによって，祖先崇拝や儒教読書人の物質的利害や身分倫理を脅かすと，いつも，皇帝の布告による異端迫害が加えられた。かれらが僧坊生活にはいることによる国家の租税収入の減少も，弾圧の理由のひとつであった。

3. 結　び

われわれは東アジアのことを調べていくうちに，どうしても中国問題につきあたる。われわれでなくても欧米の人々にとっても「アジア」から連想する国は，日本ではなくて，まず中国である。中国は近年，経済において著しい成長をとげているが，しかし本章では多くの論調とは違って，その経済がなぜいままで停滞してきたかを論じた。この理由を調べていくうちに辿りついたのが，マックス・ヴェーバーの中国論すなわち『儒教と道教』という大論文であった。

この論文は，原典で読むのは大変難解であるが，幸い，中国学の専門家である木全徳雄氏による翻訳がある。われわれのような中国学・シナ学・東洋学の非専門家にとっては，大変親切なたくさんの注釈つきである（それでもむずか

しいが)。このような翻訳書は並大抵の情熱ではできるものではない。その専門家が「あとがき」に書いている,「ウェーバーの中国知識が実に微細にわたっており,また極めて正確なのに驚いた。(それは)…(普通の宗教学や)純粋に歴史的な研究をも目指していない。むしろ…対宗教的関心——宗教の心理的・実用的関連の中に基礎をもつ,行為への実践的推進力を問題にする——の関連にとってティピカルに重要な諸特徴を取り出してその他は軽視するという意味で類型学的であるとしているが,こうした論究があってこそ至って,通常の,対象に密着した歴史的研究や内在的批評が見落としてきた幾多の特徴をくっきりと際立たせることに成功している…[65]」と。

ところでわれわれは第1章で「比較としての西ヨーロッパの社会と宗教」を書いたが,こちらのほうは同じくヴェーバーの著作で,『プロテスタンティズムの倫理と資本主義の精神』を扱ったものである。この『倫理論文』は世界的にもあまりに有名である。他方,『儒教と道教』は,少なくとも彼の科学論や基礎概念が注目されていた時代には,ほとんど読まれていなかった。読まれても,『倫理論文』が理念の利害に対する影響を研究したとすれば,「世界諸宗教の経済倫理」(この中に『儒教と道教』論文が含まれる)は逆のプロセスをあとづけるものだとか,『倫理論文』が資本主義の精神がいかにプロテスタンティズムの禁欲から生じたかを示すものとすれば,「世界諸宗教の経済倫理」はむしろ,この禁欲的精神態度がなかったところでは,資本主義の精神は決して生まれないということをしめすものだ,と過小評価された。しかし実は違う。「世界諸宗教の経済倫理」はかれの最終的な認識段階を示すものとして理解されなければならない,とテンブルック (Tenbruck, Friedrich) もいう[66]。なぜなら,ベンディックス以来[67],「世界諸宗教の経済倫理」は,最も体系的な著書とされる『経済と社会』の予備研究とされ,『経済と社会』において西洋の合理化過程についてのさらなる説明が見出され,したがって「世界諸宗教の経済倫理」の中でも『古代ユダヤ教』の部分のみが重要だとされているが,しかし『経済と社会』は,「世界諸宗教の経済倫理」が書かれる前に書かれていたのである。したがって「世界諸宗教の経済倫理」が未完成であるので,ヴェーバー

が最終的に何を残そうとしていたかは，ヴェーバーの死によって決着がつかなくなっている。

したがってわれわれは本章で，ひょっとするとヴェーバーを過小評価することになるかもしれないが，それでも意を決して中国の経済の停滞性の理由に焦点を絞ってきた。かれによればその理由は，紀元前3世紀に中国が統一国家になって以来2000年以上にわたって，1. 都市，2. 中央集権的家産官僚制国家，3. 宗教組織が永続性を保持しつづけたので，しかも儒教や道教，さらに氏族制度によってそれらが補強されたので，中国の経済が停滞した，というものであった。このような解明に対して，部分的な微細な点に関してはともかく，今までそれを覆すような有力な批判があっただろうか。もしないとすれば，この中国観から，現在の中国を見るとどうなるであろうか。ヴェーバー死後1世紀近く経過しているので，この1世紀の間の中国評価も必要になってくると思われる。

まず第1に，都市については，もちろん100年前の中国と現在の中国との都市の違いは大きい。地方都市は諸侯の城塞ではない。都市とその周辺では，（軽工業が中心であるが）産業が育成されている。しかし，現在でも省長など高官は，中央政府（共産党独裁政権）によって任命され派遣される。地方（この場合地方とは内陸部・農村部のことである）では少数民族が相対的に多く，しかもこの地域の経済が停滞している。その地方の住民の間では，中央政府に対する不満が大きい。これをかわすため，1999年，国家主席の江沢民は「西部大開発」（インフラ建設）を計画し，2003年3月まで，12（当初19であった）の省・区・市に6000億元が投資された[68]。このようなことからも，地方都市は，経済的にも政治的にも自律性のある都市になっていない。1980年代からは地方財政請負制度が導入され，地方がやや独立傾向にはある。

第2に，中央集権的家産官僚制については，中国では現在でも，行政と裁判所とは十分分離しておらず，人民政府はしばしば個々の裁判に干渉する。自然法が確立しており，コインを入れれば自動販売機のように，自動的に判決文が出てくるという状態にはなっていない。（この20年間ほどは法整備という点では

改善されているが）このような状態では，財産取引に信用と予測可能性とが必要とされる合理的経営は，その活動する場所が制限される。国家体制にかかわる重要な問題であるので，いっそうの法整備と，その合理的な運用が図られている。（なお，かつての御史組織（密告制度）は，文化大革命後しばらくして人間不信につながるとして禁止されていたが，1986年から「挙報制」として復活している[69]）。

　第3の，宗教組織については，この1世紀の間に大きく変わった。特に1949年の共産党政権樹立後は，「宗教阿片説」もあって，少なくとも表面上は宗教がなくなったかにみえるが，しかし共産主義あるいは毛沢東思想が，国家の宗教にとって替わったという見方ができる。一般大衆のほうは，地域によって多様であろう。民間信仰がそうたやすくなくなるとは思えない。宗教組織の多層構造そのものは変わっていない。

　第4の氏族組織についてはどうであろうか。100年前と今日とでは人口が大幅に増加している。しかも現在では，数千万人という単位で，地方から都市部や沿岸部に（合法・非合法で）移り住んでいる。しかし2002年11月中旬，広東省で重症急性呼吸器症候群，いわゆるサーズ（SARS）が発覚し，2003年前半，猛威を振るい，約1000名が死亡した事件があった。ある都市では，他地方からの流入者が100万人単位で本籍地に戻ったといわれている。地方では氏族の紐帯がなお強く残っているのであろうか。あるいは，春節（日本の正月にあたる）には毎年，都市部の人間を中心に地方へ大移動するという。このことは多分，氏族制度の維持にプラスに作用するであろう。第5に，儒教や道教については，一般的には重要でなくなってきている（儒教については，後述の韓国において伝統としてながく残されることになる）。

　中国に関してはいろいろな論じ方ができようが，こと経済に関しては，少なくとも1980年代まではその停滞性でもって特徴づけることができる。1990年頃からの経済成長をみても，外国資本との接点での近代化領域とそうでない伝統的な領域との格差が大きい。後者は，古くて非効率な設備や少ない蓄財もさることながら，伝統的な技術・諸制度，伝統的な価値観念や教育によって特徴

づけられる。このようにみてくると，ヴェーバー死後1世紀近くたっているが，その『儒教と道教』（だけでなくおそらくはその学問全体）は，中国に関してその社会を分析する場合だけでなく経済社会政策にとっても，今なお示唆に富むものであることがわかる。

註

1) 総務省統計研修所編『世界の統計2011』（総務省統計局・2011年）各頁。http://www.mofa.go.jp/mofaj/area/china/data.html（日本外務省ホームページ・2011年3月アクセス）
2) 日本経済新聞2010年12月16日付朝刊
3) 「日経ビジネス―気がつけば中国は世界の工場」（2000年11月27日号）
日本経済新聞社編『中国―世界の「工場」から「市場」へ』（日本経済新聞社・2002年）
4) 加護野忠男・伊丹敬之『ゼミナール経営学入門』（日本経済新聞社・1989年）124頁。
5) 日本経営学会編『2003年度全国大会報告要旨集』（日本経営学会・2003年）
6) 「商法等の一部を改正する法律」（法律第44号，平成14年）
7) 筧武雄編赤松弥太郎著『日中合弁企業奮闘記―中国進出と撤退のドラマ』（蒼蒼社・1999年）168頁。
8) 筧武雄編赤松弥太郎著，前掲書，242頁。
9) 筧武雄編赤松弥太郎著，前掲書，244頁。
10) 筧武雄編赤松弥太郎著，前掲書，267頁。
11) 筧武雄編赤松弥太郎著，前掲書，319頁。
12) 王雲海著『中国社会と腐敗』（日本評論社・2003年）26頁以下。
13) 王雲海著，前掲書，30-31頁。
　　　王雲海氏は，権力社会の中国での典型例を2つ示している。
　　　その1。中国北部のある都市で破産した企業の跡地を利用して料理屋を開い

た私営経営者のケース（権力との消極的関係のケース）

　衛生管理機関…「衛生合格証明書」をもらうため4回も行ったが相手にされず，それぞれの役人の自宅に高価な酒を送ると，翌日証明書を発行してくれた

　工商管理機関…「営業許可書」をもらうため何回行っても取り上げてくれないので，関係者を集めて豪華な招待パーティを開いたら，その場で許可が下りた

　営業開始後はさらに困難であった。

　物価監督員…有名な酒をただで飲む目的で店に来たが，あいにくそれがなく，ビールを飲ませたが，ビールの中に水が混入していると主張し，高額の罰金を科した

　市営の燃料会社…無断で石炭などの燃料を使用し営業していたら，「ルール知らず」として石炭の供給が打ち切られた。仕方なく，燃料会社の役人がくるたびに，ただで食べ放題にさせると，石炭の供給が回復された

　警察…料理屋は人が集まるところである。一部の警察官がただで食う常連になっただけでなく，親戚や友人まで連れてくる

　市の水道局…役人の食事後，勘定を請求したら，水道を止められた

　その2。アモイ市の遠華事件（権力との積極的関係のケース）

　事件の主役は頼昌星。香港での事業が行き詰まり，アモイという港町に目をつけ，対外貿易の会社「遠華」を設立。名義上，合法的な貿易をやっているように見せかけ，実際上は，石油・自動車・鉄鋼などの密輸をやった。最初は税関の幹部たちに賄賂を贈り，協力を得ただけだったが，そのうち，地元の党，政府，司法機関の幹部にまで賄賂を贈り，密輸の規模を大きくしていった。贈賄のための立派なビルまで建て，金・薬・女などすべてを用意した。「遠華」という文字があれば，どのような船でも，誰も文句が言えないほどまでになった。1996年，摘発され，150人以上の幹部が刑罰ないし行政処分を受け，うち20人以上が死刑判決を下された。当の本人は，カナダに逃亡した。

以上2つのケースとも，中国においては，権力の重大さを例示している。
　なお中国には，歴史に残る汚職もある。清朝の乾隆帝（位1735-95年）のときの寵臣で和珅（わしん）という満人貴族が，帝の死後，不正を摘発されたが，ため込んだ金額は実に8億テールという国家予算の10年分もの額であった。
　　吉岡力『世界史』（旺文社・1979年）367頁。

14）王雲海著，前掲書，43頁以下。
15）金山権『中国企業統治論—集中的所有との関連を中心に』（学文社・2008年）81頁。
16）金山権，前掲書，13頁。
17）この件は，前述の王雲海氏の指摘と重なる。
18）李東浩『中国の企業統治制度』（中央経済社・2008年）77頁。
19）李東浩，前掲書，81頁。
20）唐燕霞『中国の企業統治システム』（お茶の水書房・2004年）31頁以下。
21）http://www.dbj.jp/reportshift/report/research/pdf/47_s.pdf.（日本政策投資銀行のHP，2011年3月アクセス）
22）Weber, Max: Konfuzianismus und Taoismus, in: Weber, Max: Gesammelte Aufsätze zur Religionssoziologie Ⅰ, Vierte, photomechanische gedruckte Auflage, Tübingen (J.C.B.Mohr) 1947 (zuerst1920), S.281f. 木全徳雄訳『儒教と道教』（創文社・1971年）7頁。
　この論文は，彼の『宗教社会学論集　全3巻』の第1巻に収められている。第1巻では，冒頭の長い「序文（フォアベメルクング）」の後に，「プロテスタンティズムの倫理と資本主義の精神」，「プロテスタントの諸信団と資本主義の精神」と，プロテスタンティズムをあつかった2論文が続き，そのあと，長文の「序説（アインライトゥング）」ではじまる「世界諸宗教の経済倫理」が，アジア論としてつづいている。アジア論の中の始めのものが，この「儒教と道教」で，そのあとに「中間考察：宗教的現世拒否の段階と方向」がはさまれ，次に第2巻に「ヒンドゥー教と仏教」，第3巻に「古代ユダヤ教」がおさめられている。計画されていた「イスラム教」と「原始キリスト教」と

は，肺炎が彼の命を56歳で奪ったために，残らなかった。

「世界諸宗教の経済倫理」の中の諸論文は，はじめ『社会科学・社会政策雑誌』に1915年から1919年の間に個別に掲載されたが，「序説」と「儒教と道教」（はじめは「儒教」と題されていた）と「中間考察」だけが，ヴェーバー自身の改訂を経て『宗教社会学論集』に収められ，1920年に出版された。しかしこれらはまだ，研究者によって十分には体系的に分析されていないし，「ヴェーバーの著作史上の全発展との関連において解釈されていない」とされる。

　　Zingerle, Arnold: Max Webers historische Soziologie, Wissenschaftliche Buchgesellschaft (Darmstadt) 1981. 井上博二他訳『マックス・ウェーバー―影響と受容』（恒星社厚生閣・1985年）183頁。

23) Weber, Max: a.a.O., S.341. 木全徳雄訳94頁。

24) Tenbruck, Friedrich H.: Das Werk Max Webers, in: Kölner Zeitschrift für Soziologie und Sozialpsychologie, Jg. 27/4. Heft, 1975, S.675. 住谷一彦他訳『マックス・ヴェーバーの業績』（未来社・1997年）38頁。

25) 歴史上の出来事の年代を書かなかったという意味ではなくて，年代の順序が無視されているということである。年代はむしろ，書かれている場合は，ほとんど正確に几帳面にかかれている。この，年代の順序が無視されているということが，われわれに，歴史とは何かを考えさせないわけにはいかない。

26) Bendix, Reinhard: Max Weber, An intellectual portrait, Doubleday & Company Inc. 1962, pp.99. 折原浩訳『マックス・ウェーバー―その学問の全体像』（中央公論社・1966年）98-99頁。

27) 吉岡力，前掲書，各頁より作成。

28) 青山秀夫『マックス・ウェーバーの社会理論』（岩波書店・1950年）151頁以下の名文を見られたい。また，有名なヴェーバーの正当的支配の3つの純粋型については，次のものにコンパクトにまとめてある。

　　拙著『経営と支配理論』（森山書店・1993年）43頁以下。

29) Weber, Max: a.a.O., S.291. 木全徳雄訳17頁。

30) Weber, Max: a.a.O., S.292. 木全徳雄訳 19 頁。
31) Weber, Max: a.a.O., S.297. 木全徳雄訳 24 頁。
32) Weber, Max: a.a.O., S.298. 木全徳雄訳 25-6 頁。
33) Weber, Max: a.a.O., S.315. 木全徳雄訳 103 頁。
34) Weber, Max: a.a.O., S.315. 木全徳雄訳 67 頁。
35) たとえば，宋の時代の王安石（在位1068～85年）の，①人民の生活を安定させる，②税源を確保する，③外患の絶滅を図る，などのための新法による有名な改革があるが，司馬光（1019～86年）ら保守派による反対に合い，結局，その改革は実を結ばなかった。
36) ヴェーバーの予言の概念に，使命的予言と範例的予言との区別がある。「使命的予言（Sendungs-Prophetie）のばあい敬虔な信者は自己を神的なものの容器ではなくて，神の（みわざを実現するための）道具なのだと感じていたが，この予言が深い親和性を持っていたのは，超世俗的な，人格的な，すなわち怒り，許し，愛し，要求し，罰する，創造主神（Schöpfergott）という特定の神観念であった。この点，それは範例的予言が親和性をもっていた神観念が，――けっして例外がないというわけではないが，しかし通例は，――瞑想的に，状態としてしか達成できないがゆえに，非人格的な最高の実在であったのとは対照的であった。前者の観念（人格的な創造主神）は，イランと近東，および近東から派生した西洋の宗教意識を支配し，後者の観念（非人格的な最高実在）は，インドおよび中国の宗教意識を支配した」。中国の神観念は，非人格的な最高実在であったが，これが他の予言によって一度も挑戦を受けなかったのである。

　Weber, Max: Die Wirtschaftsethik der Weltreligionen, in: Weber, Max: Gesammelte Aufsätze zur Religionssoziologie Ⅰ, Vierte, photomechanische gedruckte Auflage, Tübingen (J.C.B.Mohr) 1947, S.257-8. 木全徳雄訳『儒教と道教』（創文社・1971年）447 頁。

37) Weber, Max: Konfuzianismus und Taoismus, in: Weber, Max: Gesammelte Aufsätze zur Religionssoziologie Ⅰ, Vierte, photomechanische gedruckte

Auflage, Tübingen（J.C.B.Mohr）1947, S.332. 木全徳雄訳『儒教と道教』（創文社・1971年）85頁。

38) Weber, Max: a.a.O., S.334. 木全徳雄訳87頁。
39) Weber, Max: a.a.O., S.331. 木全徳雄訳84頁。
40) Weber, Max: a.a.O., S.379. 木全徳雄訳157頁。
41) Weber, Max: a.a.O., S.380. 木全徳雄訳158頁。
42) Weber, Max: a.a.O., S.380. 木全徳雄訳159頁。
43) このことを端的にしめす教えが『論語』のなかにある。「葉（しょう）の殿様が，孔子に自慢話をされた，『近郷に正直者の躬（きゅう）という者がおる。彼の父が羊を盗んだところ，息子の躬が証人になって訴え出たのである』と。孔子がこたえた，『私の近郷の正直者はちと変わっています。親父は息子の罪をないしょにしますし，息子は親父の罪をないしょにします。そういう見かけの不正直のなかに本当の正直がこもっているのです』」とある。国家の法よりも氏族の法を優先せよとの教えである。
　　貝塚茂樹訳註『論語』（中央公論社・1973年）第七巻第十三編子路編369-370頁。
44) Weber, Max: a.a.O., S.395. 木全徳雄訳178頁。
45) Weber, Max: Die Wirtschaftsethik der Weltreligionen, in: Weber, Max: a.a.O., S.238. 木全徳雄訳『儒教と道教』（創文社・1971年）418頁。
46) Weber, Max: Konfuzianismus und Taoismus, in: Weber, Max: a.a.O., S.395. 木全徳雄訳『儒教と道教』（創文社・1971年）187頁。
47) 吉岡力，前掲書，83頁より筆者作成。
48) Weber, Max: a.a.O., S.403f. 木全徳雄訳196頁。
49) Weber, Max: a.a.O., S.407. 木全徳雄訳201頁。
50) Weber, Max: a.a.O., S.416. 木全徳雄訳212頁。
51) Weber, Max: a.a.O., S.414. 木全徳雄訳209頁。
52) Weber, Max: a.a.O., S.420f. 木全徳雄訳217-8頁。
53) 『論語』の有名な「子曰わく，学んでここに習う，亦説ばしからずや。有朋，

遠きより方び来る…」という冒頭の文章のすぐ次にくる文章を参照のこと。「人間の生まれつきが，孝行で従順だというのに上役に逆らいたがるものは，まず珍しいね。その上役に逆らいたがらないものが内乱を起したという例は，まだ聞いたことがない。りっぱな人間は根本をたいせつにする。根本がかたまると道は自然にできる。孝行で従順だなどといわれること，それが仁の徳を完成する根本といってもよかろうね」とみえる。

　貝塚茂樹訳註『論語』（中央公論社・1973 年）第一巻第一編学而編 10 頁。

54) Weber, Max: a.a.O., S.448. 木全徳雄訳 266 頁。

55) Weber, Max: a.a.O., S.458f. 木全徳雄訳 289 頁。

56) Weber, Max: a.a.O., S.460-463. 木全徳雄訳 292-296 頁。

57) Weber, Max: a.a.O., S.307. 木全徳雄訳 38 頁。

58) Weber, Max: a.a.O., S.469. 木全徳雄訳 305 頁。

59) Weber, Max: a.a.O., S.474f. 木全徳雄訳 315 頁。

60) Weber, Max: a.a.O., S.481ff. 木全徳雄訳 324 頁以下。

61) Weber, Max: a.a.O., S.489. 木全徳雄訳 336 頁。

62) Weber, Max: a.a.O., S.490. 木全徳雄訳 337 頁。

63) Weber, Max: a.a.O., S.477. 木全徳雄訳 319 頁。

64) Weber, Max: a.a.O., S.478. 木全徳雄訳 320 頁。

65) 木全徳雄「訳者あとがき」，前掲書，476 頁。

66) Tenbruck, Friedrich H.: a.a.O., S.676. 住谷一彦他訳 39 頁。

67) Bendix, Reinhard: op. cit., 折原浩訳。

68) 日本経済新聞 2003 年 3 月 9 日付朝刊。

69) 王雲海，前掲書，14 頁。

第3章

韓国—大国にはさまれ翻弄されてきた国

はじめに

　韓国はおおざっぱにいえば中国文化圏に属する。したがって財やサービスの取引に関する経済活動の信用と予測可能性に関しては，中国と同じ傾向を持ち，合理的経営が育ちにくい。しかもこの国は中国・ロシア・日本・米国など大国に翻弄されてきて，国民には政府や経営者に対する根強い不信感があるように思われる。しかし経済のグローバル化とともに，韓国における企業経営もかわりつつある。本章ではこのことを歴史の経過とともに述べてみたい。

　韓国[1]の版図は紀元前からめまぐるしく変化している。内部分裂もあるが，多くは近隣大国による侵略をしばしば受け，領土が縮まったり拡大したりしている。著しいのは，すでに紀元前の中国の漢の時代，また元の支配，そして日本による植民地化と3回にわたり，地球上から朝鮮の国家が消滅している。漢の時代は紀元前108年から約400年間，元の支配は1270年から約100年間，日本の場合は1910年から35年間，朝鮮の国権が被奪された。

　そのほかにも，古くは唐の侵攻を受け，また倭寇により朝鮮半島の全海岸線が荒廃し，元の支配の前には渤海・契丹・女真族に攻められ，李氏朝鮮の時代には豊臣秀吉や清（この時は清への李氏朝鮮の服属という形であった）によって国土が踏みにじられ，近代にはいれば日本だけでなく，清・ロシア帝国の侵攻，第2次世界大戦後はアメリカ軍政が敷かれ（北朝鮮はソ連の，後には中国も介入），現在も朝鮮半島は南北に分断されたままである。これほど悲劇的な国は少ない。

　このような韓国の経済や経営の簡単なスケッチを描こうとするだけでも，ど

うしてもその歴史や文化に言及せざるを得ない。韓国も，日本と同じく第2次世界大戦後，財閥解体が行なわれたが，その後の日本と韓国の発展過程が異なり，韓国では現在でも経済の屋台骨は政府の意向を受けた財閥（Chaebol）である。このことを説明するには，終戦時の技術水準の違いや国の規模の相違もあるかもしれないが，それだけでは説明不十分であり，その歴史や文化や社会構造の相違をもって説明するほかはないのである。したがって次節では，この日韓の相違を説明するという観点から，韓国の歴史を概観したい。

その前に，韓国に関する現在の数字を簡単に記しておこう。日本の外務省のホームページによれば[2]，面積は約10万 km^2，人口は5,000万人（2010年5月現在）で，韓国語（いわゆるハングル）を使う。宗教に関しては宗教人口比率53％（そのうち仏教徒43％，プロテスタント35％，カトリック21％，その他2％）となっているが，全体的に儒教の影響を強く受けている。

2008年からの大統領は慶尚北道出身となっている李明博（イ・ミョンバク，ハンナラ党）である。彼は大阪市生まれだが韓国の現代建設時代が長い。その会長職を1992年に退き，政界に進出した。その前の大統領は慶尚南道出身の盧武鉉（ノ・ムヒョン。総選挙時，与党民主党のちウリ党）であり，そのまた前の大統領の金大中（キム・デジュン）と同じく北朝鮮に対して「平和繁栄政策」をとっているが，核問題がネックになっていた。しかしすでに，韓国が北朝鮮にコメ（2003年，40万トン），肥料（同，30万トン）の支援を行い，北朝鮮側の開城工業団地（当初100万坪，のち拡大の予定）の共同造成がすでに始まっていた。

韓国の名目GDPは8,300億ドル（2009年6月），実質GDPの成長率は上下の変化が激しく，特にアジア通貨危機（1997年）のときの落ち込みは大きかった。図3-1はそれをグラフにしたものである[3]。日本と中国のそれも合わせて表示した。主要産業は，電子，自動車，機械，造船，鉄鋼，石油化学である。輸出額は4,660億ドル（2010年），主な品目は機械類，電気電子製品，化学工業製品，鉱産物などで，相手国は中国，次いで米国が多い。2008年の輸出額のうち21％が，なんと後述のサムスン・グループだけで占められている（韓

国 GDP では 18%）。輸入額は 4,250 億ドル（同年），主な品目は鉱産物，電気電子製品，鉄鋼金属製品，機械類などで，相手国は中国，次いで日本が多い。

それでは，韓国の簡単な歴史と社会構造について述べよう。

図 3-1　日本・中国・韓国の実質 GDP 成長率

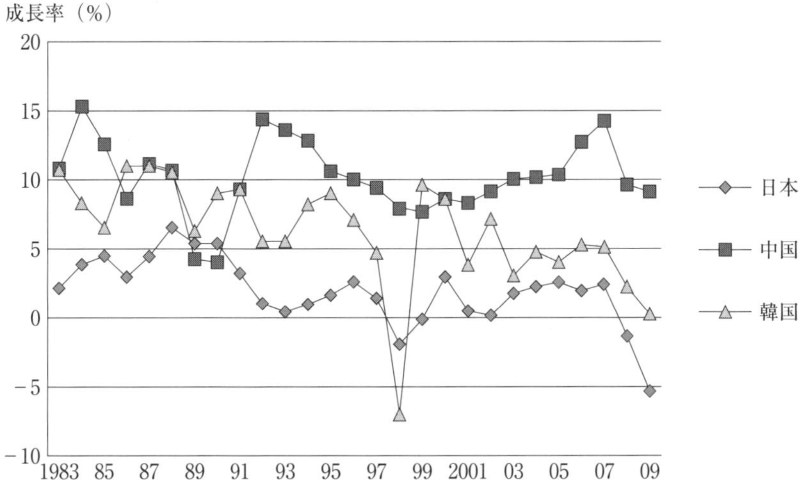

（出所）総務省統計研修所編『世界の統計』各年版より，中国は http://www.nikkeibp.co.jp/news/biz07q1/523650/ より補完して作成。

1. 韓国の歴史と社会構造

①先史文化と古代社会

およそ 70 万年前，現在の中国東北部（旧満州）と朝鮮半島あたりとの広大な地域に，旧石器人が住んでいたということが遺跡でわかっている。時代がずっと下って，紀元前 1500 年ごろの青銅器時代に，その同じ地域に，同じ形の琵琶形銅剣と同じ形の支石墓（はか）が分布しており，このあたりはほぼ同じ文化圏であったことが判断される。この文化圏で生活をしていた人々が韓民族の基礎である。また，この時代は「古朝鮮」といわれる時代である。古朝鮮

とは檀君朝鮮・箕子朝鮮・衛氏朝鮮の総称である。そのなかでも壇君朝鮮が重要であって，この民族がそれ以降建国した諸王朝の創始者はみな檀君朝鮮の後裔だと信じてきた[4]。檀君朝鮮は大同江流域（現在の平壌あたり）に首都を置き，国号を朝鮮としたとされる。しかしこのころまでは，なかば神話時代である。

　箕子朝鮮は，紀元前4世紀頃に隣接する中国・燕とあらそうほど成長したが，紀元前2世紀はじめに中国東北地方から移り住んできていた衛満に滅ぼされた。衛満は一時期，中国にいた朝鮮人である。衛満に国を奪われた箕子朝鮮の遺民は，朝鮮半島の南部に移住し，韓社会を発展させた。

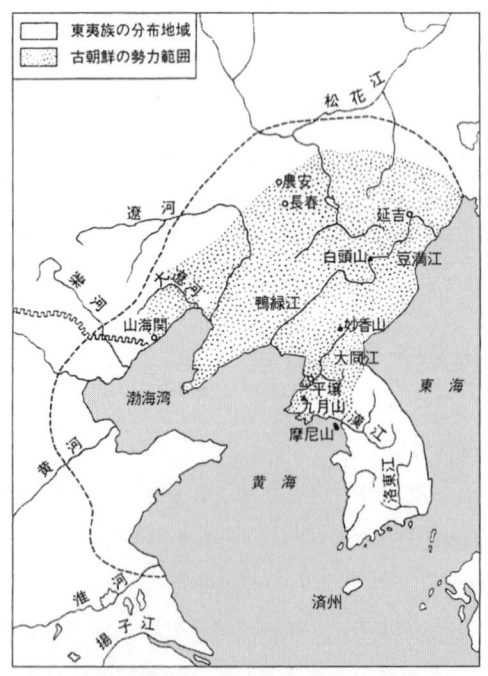

図3-2　古朝鮮の勢力範囲

出所：国史編纂委員会・一種図書研究開発委員会編
　　　『韓国の歴史 第二版』以下，地図は同じ。

衛満朝鮮は，地方の支配勢力に中央官職を与えるなど，中央集権化を行い，80余年間繁栄したが，やがて漢の武帝の侵入を受け滅亡した。

北方の国々も古朝鮮の勢力がたてたものである。箕子朝鮮に押し出される形で檀君朝鮮の遺民が中心となって扶余をつくり，高句麗，沃沮，東濊は夫余から分かれた勢力と箕子朝鮮・衛満朝鮮の遺民がつくった小国連合体であった。このなかで，高句麗は中国の郡県に対抗しながら政治的結束力を強めた。

漢は衛氏朝鮮を滅ぼし，楽浪郡など4郡を，郡の下に県を設置し，漢民族の太守・令たちを配置した。その後400年間，朝鮮半島中央部を支配した。その間，現在の中国東北地方で大きな勢力を持ち始めたのが朱蒙をリーダーとする高句麗族であった。土地が痩せていた高句麗は次第に朝鮮半島に南下し，313年には楽浪郡と帯方郡を滅ぼし，漢による朝鮮半島の支配を終結させた。王都

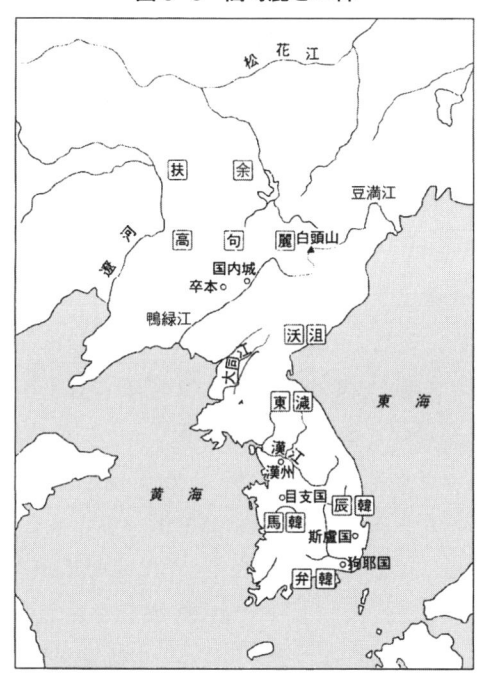

図3-3　高句麗と三韓

も卒本(現在の中国遼寧省桓仁満族自治区)から丸都(国内城ともいい,現在の中国吉林省集安県)そして平壌に移っている。

同じころ,朝鮮半島南部では,それぞれが多くの小国からなっていた馬韓・辰韓・弁韓の三韓があった。3世紀から4世紀にかけて,馬韓では伯済国が漢江流域(現在のソウルあたり)の小国を統一(後の百済),辰韓では4世紀後半に,慶州地方より出た斯盧国が他の小国を統一した(後の新羅シルラ)。馬韓と辰韓では,それぞれ中央集権国家の基礎ができた。

中国・隋は598年以降,文帝の時は水陸軍30万人,煬帝の時は110万人の大軍などをもって,隣接する高句麗を数回攻めたが,高句麗の将軍,乙支文徳(ウルジ・ムンドク)などの活躍により,失敗に終わった。

高句麗・百済・新羅の三国が勢力を競いつつ連盟していた時代を三国時代という。軍事的に劣っていた新羅は隋の次の唐と結び,百済(660年)と高句麗(668年)を相次いで滅ぼした。その後,唐は百済・高句麗の旧領地を直接支配しようとした。また,はなはだしきは,新羅においても鶏林都監府を置いて朝鮮半島全体に対する支配権を確保しようとした。しかし新羅は,高句麗と百済の遺民と手を結び,武力で唐の朝鮮支配の野望を挫折させた。ここに新羅による朝鮮半島の統一がなしとげられた(676年)。しかしこの統一は,第1に外勢の協力を得たという点と,第2に大同江以南の統一であったという点が注目されてよい[5]。統一と相前後して儒教の政治理念が導入され,中央集権的官僚政治が発達し,王権が強化された。

統一新羅ではまた,仏教文化が大きく花開いた。新羅統一以前では,民間ではシャーマニズムと占術,王室や支配部族では先祖に対する祭祀が盛んであったが,部族と部族を統合するのには新しい理念としての仏教がより適合的であった。慈蔵(ジャジャン)・円光(ウォングヮン)・義湘(ウイサン)・元暁(ウォニョ)など名僧が生まれた。慈蔵は高さ90メートルを超える皇龍寺を建て,円光は,(1) 王には忠をもって尽くし,(2) 父母には孝を持って尽くし,(3) 友には信を持って交わり,(4) 戦では退いてはならず,(5) 生あるものを殺める時は分別をもってあたること,と五戒の生活倫理を青少年たちに説き,

義湘は華厳宗を開宗し，元暁はそれをひろめた[6]。多くの寺院・独特の石塔美術・石窟寺院・仏像が，現在の慶州を中心に朝鮮半島各地で造られた。

②中 世 社 会

新羅では武烈王のとき，貴族勢力を粛清し，専制王権が最も強化されたが，8世紀後半以降，王位継承をめぐる内乱や謀反事件がたえず繰り返され，勢力を持った地方の豪族が新しい国を建てることもあった。新羅・後高句麗・後百済が割拠する後三国時代となった。

後高句麗の武将王建（ワン・クウォン，後の太宗）は，古代的専制君主の域を

図3-4 高麗の統一

出ず性格が乱暴であった弓裔（クン・イェ）を倒し，918年高麗を建国，都を開城（ソウルの北西50km，現在は北朝鮮領内）に置き，また後百済を滅ぼした。新羅は王権を高麗に禅譲し，936年，朝鮮半島は高麗によって再統一された。高麗は，高句麗を受け継ぐという意識ゆえの限界があったが，一応，韓民族すべてを含む最初の統一国家であった。

かつての高句麗の住民が多くすんでいた渤海（698年建国）も，このころ新興の契丹族（モンゴル系遊牧民族）に滅ぼされ，住民が高麗に帰順してきた。後1019年には，大同江以北の，唐が占領していた土地もその領土に含めた。西端の鴨緑紅の河口から東端の都連浦までの千里の長城はこの時築かれた。

高麗は科挙制度を導入し（この制度は後の李氏朝鮮まで続く），儒教政治思想による中央集権的な官僚国家を建設・推進した結果，地方勢力が中央政治に参与し，官僚化すると同時に門閥中心の貴族社会を形成するようになった[7]。12世紀には最盛期を迎えた。儒教は国家活動の背景であったが，精神生活の基盤として，この時代にも仏教が隆盛し，多くの寺院が建てられた。また高麗は，国際的な交易を活発にし，世界に広く知られるようになった。英語の「Korea」も，この高麗からきている。

官僚制では武人よりも文人が優位に立っていたが，1170年，崔氏一門がクーデタを起こし，以後，100年間武人政権が続いた。しかし度重なるモンゴル軍の侵入によって全土が物的・人的に被害を受け，以後高麗は元の支配下に入り属国となった。

1368年，中国では明が建国され，元は北方に追いやられる。このような中，将軍であった李成桂（イ・ソウォンゲ）は親元派の崔瑩（チェ・エヒョン）を追放し，一挙に政権を掌握し，親元派政策から親明派政策に切り替えた。1388年には田制改革を断行し，高麗王朝の支持基盤を没落させた。1392年，彼は王位につき，李氏朝鮮王朝を建設した。

③近 世 社 会

李氏朝鮮は始め雑多な軍事勢力の寄せ集めであったが，漢陽（漢城，現在の

ソウル）に都を定め，政治秩序の整備とともに，古朝鮮の後継者であることを自任し，国号を朝鮮と改めた。李成桂（太祖）の息子で第3代国王の李芳遠（イ・パンウォン，太宗）が中央集権的な一枚岩の体制に纏め上げ，500年以上にわたって韓半島を治めた。また，社会の安定と勧農政策により人口と農地が伸び，国家財政が充実した。

　第4代国王，名君の誉れ高い李世宗（イ・セジョン，在位1418～50年）の治世，高麗時代の仏教にかえて儒教（朱子学）を基本の文治国家になり，1446年には音標文字であるハングルの祖，訓民正音も創成された。このことにより，庶民や婦女子も自分の意思を文字によって表現できるようになった（もっとも，訓民正音が国字となったのは1945年8月15日であったが）。

　支配身分であった両班（ヤンバン）は本来，政府の文官（東班）・武官（西班）という身分をさしたが，この安定した王朝秩序の中で，単に役人にとどまらず，儒教と漢学の素養を身につけ，経済的にも一定の土地支配を行なう集団として一般民衆を支配し大きな影響を与えた[8]。

　長期政権の中でも，この安定をゆるがす事件があった。まず，壬辰（イムジン）・丁酉（ジウォンユ）倭乱（文禄・慶長の役，1592～1598年）があった。豊臣秀吉軍によって国土全体がかなり壊滅的な打撃を受けたが，「亀甲船」で有名な李舜臣（イ・スンシン）将軍の水軍などによってかろうじてもちこたえた。つぎに，丁卯（ジウォンミョ）・丙子（ヒョンジャ）胡乱（清軍の侵入，1627～1637年）があり，それまで以上に国土は混乱し，以降258年間，李氏朝鮮は清王朝に服属することになった。かくて中央集権体制は動揺し，政府内部では官僚たちの派閥抗争が続いた。

④近　代　社　会

　1862年，慶尚道晋州（釜山より西100Km）で支配層の不正と暴政が契機となって民衆が蜂起し，それが周辺の地域一帯に広がるという事件が起きた（壬戌農民蜂起）。また，中国・日本を開国させたフランスやアメリカなど西欧列強は朝鮮に対しても開国要求の圧力を強めた。こうした政治的動揺の中で実権

を握ったのが大院君・李昰応（イ・ウハン，国王高宗の父親，この時期のキー・パーソンである）であった。彼は国内政治においては両班や大商人の特権を否定し，国家集権的な支配体制の再強化を図り，対外的には鎖国政策を堅持した。朝鮮が中国につぐ文化国家であると自認していた多くの儒生や官僚もかれを支持した。しかしこの保守派である大院君が失脚し，高宗の皇后，閔妃（ミンビ，明成皇后）の一族が実権を握ると，日本は軍事的圧力をかけ，1875年の江華島事件をきっかけに，その翌年，日本に圧倒的に有利な不平等条約，日朝修好条規が結ばれ，ついに朝鮮は開国した。日本人は，開港場での居住，日本貨幣の使用，無関税貿易，治外法権などの特権を受けることになった。ちょうど20年ほど前に，西欧列強が日本に対して行ったのと同じようなことを，日本が朝鮮に対しておこなったのである。

　しかし日本の明治維新と異なり，朝鮮では開国後も近代化はなかなか進まなかった。日本と提携し明治維新をモデルとした近代化を目指した革新官僚，金玉均（キム・オッキュン）らの起こしたクーデタは，清軍の出動により，失敗した（1884年，甲申政変）。

　また1894年，全羅道一帯の農民たちが，東学門下の全琫準（チョン・ボンジュン）を指導者として，圧政をしいていた地方官僚に対して大反乱をおこした。農民軍は次々に政府軍を破った。おどろいた朝鮮政府は清国に鎮圧軍を要請した。日本もこの混乱に乗じて朝鮮に軍隊を送り，そしてやがて朝鮮半島も舞台にした日清戦争（1894～95年）が勃発した。

　予想に反して日本は清国軍に圧勝し，そして朝鮮半島から清の勢力を排除した。この時より，清は朝鮮の宗主国でなくなった。科挙制度と身分制度も廃止になった。一時，日清両軍によって活動が抑えられ，政府軍への攻撃を中止していた全琫準の20万人の農民軍は再び蜂起したが，近代的装備の日本軍に敗れた（甲午農民戦争）。

　日清戦争後，日本は朝鮮から清の勢力を排除したが，ロシア・フランス・ドイツの三国干渉後には新たに，極東での南下政策を狙うロシアが勢力を伸ばしてきた。朝鮮宮廷内でも，親日派と親露派による内部対立がつづいた。一時期

(1897年)，朝鮮は大韓帝国という国号を採用している。

　列強国間の外交関係もあって，朝鮮をめぐる日本とロシアとの対立はその後エスカレートし，1904年には日露戦争（～05年）が始まった。韓国政府は戦時中，中立を声明したが，日本は無視し，韓国を軍事的に占領した。日露戦争後，アメリカ大統領セオドア・ルーズベルトの仲介もあって，ロシアの勢力をも駆逐した日本は，戦後，韓国政府に対し種々の協約を調印させ，内政支配を強化していった。1905年には外交権を奪い，韓国を日本の事実上の「保護国」とした（第2次日韓協約，乙巳（ウルサ）条約とも）。またその「保護権」を行使するため韓国統監府をソウルに設置し，初代統監に伊藤博文が着任した。その後，韓国政府は，行政権，軍事権，司法権，警察権を次々に奪われた。皇帝も退位させられた。

　このような日本の干渉と圧迫に対して，民衆による激しい反日義兵闘争が全国的な盛り上がりを見せた。ハルビン駅頭において伊藤博文を暗殺した安重根（アン・ジュングン）のようにテロリズムに走るものもあった。しかしかえってこの事件をきっかけに，1910年，ついに韓国は日本に併合され，以後35年間に及ぶ植民地統治が始まった（韓国では，「併合」とは言わず「日帝強占」などとよぶ）。

　併合後，日本はかつての統監府を旧大韓帝国政府機関と統合して朝鮮総督府を設置し，本格的な植民地支配を進めた。朝鮮総督府は，天皇に直属する統治機関であり，日本の内閣から制約を受けることなく，行政・立法・司法・統帥権など広大な権能を有した。総督府統治の最初の10年間は，憲兵や警察の制度を背景とした「武断政治」のもとで，朝鮮人を日本人化しようとする同化政策や，経済収奪政策が推し進められた。土地調査事業（1910～18年）がおこなわれ，多くの農民が不満を持ちつつ，日本にも流入した。これがいわゆる在日朝鮮・韓国人の始まりである。また朝鮮総督府は，会社令（1910～1920年）を発令し，零細資本の会社設立を制限した。これにより，日本人の会社より韓国人の会社が零細であったので，韓国人の経済力は停滞した。

　こうしたなか，1919年3月1日，ソウルで史上最大の反日独立運動（三・一

独立運動）が勃発した。この運動は，第1次世界大戦後の1918年，アメリカのウィルソン大統領が提唱した「民族自決主義」が起爆剤であった。33名の「民族代表」が独立宣言を発表し，数万人の群集がデモ行進した。後で出てくる「東亜日報グループ」（国内最大の地主資本・産業資本・メディア所有体であったが，あとあとまで政争に勝てなかった）が関わっていた，とされる。この運動はその後，朝鮮全土に拡大した。その数，200万人とも言われる。この事態に際して，日本は軍隊まで導入し，徹底的な弾圧を行なった。今日韓国人でその名を知らない人がいないといわれる柳寛順（ユ・グァンスン，朝鮮のジャンヌ・ダルクといわれている）という女子学生もこのときのあるデモ隊のリーダーであった。この間，朝鮮民衆の死者は約8000名といわれる。

　三・一運動後，日本は「武断統治」政策を改め，「文化統治」を進めた。日本内地と朝鮮の制度隔差を縮めることによって，朝鮮民衆の懐柔が図られた。厳しい制限があったが集会や結社の自由，言論の自由を認めた。しかし，同化政策は堅持した。1930年代になると，同化政策はいっそう強くなり，朝鮮人を完全に「皇国臣民」にしようとする「皇民化」政策が展開された。1937年の日中戦争勃発を契機に，神社参拝や公の場での「皇国臣民の誓詞」の斉唱が強制された。1938年には朝鮮語ではなく日本語で教育がなされた。家ではラジオで日本語放送が行われた。1940年には朝鮮人の名前を日本式に統一する創氏制度（創氏改名）も実施された。他面，農業生産技術や鉄道網の敷設など近代化の観点から見て，「遅れていた」朝鮮人を「進んでいた」日本人に近づけるという側面もないではなかった（この側面は最近になってやっと韓国内部でも認められるようになった）。

　また第2次世界大戦で生じた日本の労働力不足を補うため，朝鮮人の強制連行が行なわれた。日本全土の朝鮮人は最高時240万人にも達した[9]。

⑤ 現 代 社 会

　1945年8月15日，日本の敗戦により朝鮮は開放されたが（第一次共和国），喜びもつかの間であった。というのも，独立後の韓国は旧宗主国である日本の

影響を完璧に排除して出発したが，しかし解放後はなんらの政治的準備もなかったからである。あったのは，米ソの軍事占領である。

当時すでに複数の政治勢力があり，主導権をめぐって相争った。第1に，三・一運動後の法統を継承するとして自らの正当性を主張し，植民地期は中国の上海や重慶にて活動していた「大韓民国臨時政府」があり，第2に，強力であったが後，「正統保守野党」といわれる「韓国民主党」(「東亜日報グループ」が中心であり，一時は臨時政府を絶対支持した) など左派・右派があり，左右それぞれの中でも対立状態であった。さらに，米軍政府があった[10]。

特に臨時政府の申翼熙の「(植民地期に＝筆者) 国内にいた人間は大なり小なりすべてが親日派である」という言葉が韓国民主党を臨時政府から離反させた。つまり「臨時政府」は，国内にいた実業人の金はすべて不浄である，「韓国民主党」も不浄であるとして，切り捨てたのである。韓国民主党主席総務であった宋鎮禹が後，暗殺された。

こうした中，特に朝鮮半島南半分で強力ではあったが正当性に疑問が残る韓国民主党が，植民地期に海外にのがれていて独立をうかがっていた，その意味で正当性を持った李承晩（イ・スンマン）と手を結ぶことになる。李承晩は34年ぶりにアメリカ合衆国から帰国したのである。

朝鮮半島は38度線を境に，北はソビエト，南はアメリカ合衆国に分割占領された。統一国家樹立を願う民衆の願いもむなしく，南北分断は固定化し，1948年，南に大韓民国（初代大統領李承晩），北に朝鮮民主主義人民共和国（首相金日成キム・イルソン）という2つの国家が建設された。しかし大韓民国ではさらに，国会と李承晩大統領とが国務総理指名をめぐって対立が表面化することになる。この時の憲法が，李承晩によって，国会で勢力があった韓国民主党が考える，大統領を形式的な元首とする「内閣責任制」から，内閣が大統領に責任を負うという「大統領中心制」へと変えられてしまった。のち，1951年には李承晩は「政府党」たる自由党を結成し，1952年には大統領直接選挙制まで獲得してしまう。かくて李承晩はカリスマ性を獲得することになる。

相前後するが，李承晩大統領と韓国民主党（1949年，「民主国民党」に改組）

とが拮抗する中，今度は，1950年6月25日，朝鮮半島の南北の対立が朝鮮戦争（韓国では韓国動乱または6・25動乱）となった。一時期，共産軍によって，大韓民国側の軍が釜山と済州島のみに追い詰められたこともあった。中国軍も参加し，泥沼化した戦争によって国土は荒廃し，朝鮮人だけでも南北合わせて126万人の死者と1,000万人もの離散家族が出た。この間に前述のように，民主国民党はその背景とする巨大な財力と人脈を失っていき，李承晩の独裁が始まっていく。民主国民党は以降40年間，野党にとどまることになる（これに終止符が打たれるのは大統領選挙後，1993年に金泳三政権が実現したときである）。1953年，膠着した戦線を分界線にして休戦が実現したが，以後約60年間も休戦ライン沿いは軍事的対立が続き，南北韓の相互の憎悪は深まり，対立はさらに激しくなった。

　大韓民国では，戦後，最大の課題であった経済再建を実現できず，また独裁による腐敗も広まったため，李承晩政権に対する国民の怒りが1960年に爆発した。1875年生まれの李承晩もすでに80歳半ばになっていた。学生を中心とする反政府デモがおこり政権を退陣させた（4・16学生革命）。カリスマは規則とは無縁であるが，それを突き崩すことができたのも，まだ社会で成熟していない学生であった。この革命によって樹立されたのは，張勉の民主党政権であった。南北韓の対話も試みたが，わずか1年で退陣することになる。

　李承晩は現在，歴史的には韓国ではあまり重要視されていない[11]。たかだか植民地時代から「漢江の奇跡」までの橋渡しの時代の大統領という位置づけである。しかし「8・15解放」後から半世紀以上もこの国の政治体制と経済構造に刻印した出発点である。次節で述べる財閥と時の政権との密接なつながりもここから始まったといってよい。

　李承晩後も政局の混乱が続く中（第二共和国），軍事クーデタ（1961年）によって政権を掌握したのが朴正煕（パク・チョンヒ）であった。朴政権は，李承晩と違ってカリスマ性を持ち合わせていなかったので，勢い政治面では人権抑圧や民主化運動の弾圧などを行なわざるをえず，国民の反発を買った。しかし経済成長では，アメリカ合衆国からの援助漬けであった李承晩と異なり，輸

出の急激な伸びなどにより，成功を収めた。「漢江の奇跡」といわれるこの経済成長は 80 年代にいたるまで続き，韓国は NIEs (Newly Industrializing Economies) の一国となった。しかし政治面では民主化は遅々として進まなかった。朴大統領も 1979 年に暗殺された。その後も軍人の全斗煥（チョン・ドゥファン）がクーデタによって政権を握った。

　1987 年，民主化を望む国民の声は再び爆発し，経済成長によって力をつけてきた中産階級の支持を得た民主化運動はついに，与党代表委員盧泰愚（ノ・テウ，同年大統領に当選）に 6・29 民主化宣言を発表させ，以後急速に民主化は進んだ。

　1988 年，ソウルオリンピックの成功では，世界における重要な役割を演じることを期待されるまでになった。1996 年には OECD（経済開発協力機構）に加盟する。

　32 年ぶりの文民政府として 1993 年に誕生した金泳三大統領の政権は，その政権末期には，それまでの急激な政治経済変動のマイナスの局面が表面化し，かつてない経済危機に見舞われた。1998 年，かつての民主化運動のシンボルであった金大中（キム・デジュン）が大統領に当選し，経済再建と更なる民主化の実現を目指す。2003 年からは，全斗煥元大統領の不正を追求し，国民的スターになっていた与党民主党盧武鉉（ノ・ムヒョン）が大統領に就任した。2008 年からは李明博大統領である。しかしながら，南北分断下で，地域間・世代間・階層間・思想間の差を克服し，真の自由民主主義を実現する道のりは，まだ遠い。

2．漢江の奇跡と財閥

　1945 年の「8・15 開放」の時には確かに韓国民の中に民主主義と経済復興という 2 つの希望があった。しかしその喜びも束の間，1948 年に朝鮮半島は南北に分断されてしまった。その当時は，日本による植民地化において，朝鮮半島の南側は農業を，北側は工業を重点とする偏った産業政策が採られてい

た[12]。たとえば総発電量の90％以上，鉱物生産の80％以上は北側に属していた。韓国側の人口の約90％は農村人口で，しかもそのうち70％が耕作地面積1町歩未満という零細農民であった[13]。世界で最も貧しい農業国だったのである。

この状態から脱するため韓国では，長期的には工業化を進め輸出を拡大するという政策を取った。しかし前節で見たように，1950年代では見るべき成果が上がらなかった。それが可能になったのは1960年代から始まる5ヵ年の中期計画以降である。以下，概略を見ておこう。

1962～1971年（第1，2次経済開発5カ年計画）　この時期の当初は，資源も資本も技術も不足し，後進農業国であった。1人当りGNPは82ドルであった（1961年）。そこで朴正熙政権（1963年～）がとった政策は，援助ではなく借款・外国資本導入による輸出指向型工業化であった。この時期，日本からの無償（3億ドル）・有償（2億ドル）・資金協力（1億ドル）の資金援助があったことは大きい。韓国の輸出は60年代初頭では数千万ドルであったからなおさらである。貿易赤字が軽減されたことは言うまでもない[14]。外貨獲得のため，ウォンの低レート化・輸出補助金政策・輸出入リンク制など輸出産業振興政策がとられた。大企業に対し，金融・税制面で優遇し，外貨や信用を割り当て，実質マイナス金利，税金の免除，関税の減免を行なった。このことを遂行するため市中銀行を政府の管理下におき，官主導の資本主義を推進していった。繊維・合板・履物類などの労働集約型軽工業が育っていった。

この時期が，韓国の戦後型財閥の出発点であったが，後述のように，企業経営で重要であったのは，健全財政や経営能力ではなく，豊富な資金を引き出すための政権とのコネであった。

1972～1981年（第3，4次経済開発5カ年計画）　ベトナム特需もあり，1人当りGNPは289ドルに増加した（1972年）。輸出額は10億ドルである。とられた政策は，高付加価値の重化学工業の重視である。他方，農漁村開発のためのセマウル運動の推進が行なわれた。

1982～1991年（第5，6次経済社会開発5カ年計画）　国内外の需要を無視した

重化学工業部門への過剰・重複投資により,財閥への経済力集中,インフレ,所得格差拡大などの弊害が出てきた。特に1980年代後半から,技術開発の遅れ,資本集約型産業の未発達により,製造業の国際競争力が低下してきた[15]。しかし1980年代に1人当りGNPが5000ドル（1990年）に達し,NIEsに仲間入りした。朴大統領暗殺（1979年）後,この時期に政権にあった全斗煥がとった政策はまず,「成長第一主義」の戦略の変更であった。さらに企業の自律と競争による健全な市場経済のために,できるだけ国家主導型の経済運営から民間主導型経済運営への転換がはかられた。不採算企業（「不実企業」）の整理・統廃合も積極的に行なわれた。また,物価安定と国際収支の改善に努力した。

1992年～1996年（第7次経済社会開発5カ年計画）　1987年の「民主化宣言」以降（あるいはそれ以前から），労使紛争が頻発,ウォン切り上げ圧力,先進国の輸入規制,発展途上国の追い上げ等,経済環境が悪化した。盧泰愚政権（1988～1993年）による200万戸住宅建設政策および内需拡大によってインフレが進行していた。

1人当りGNPは1万ドルを突破した（1995年）。産業構造も,1972年のGDPに占める第1次産業,第2次産業,第3次産業の割合はそれぞれ26.7％,23.5％,49.7％であったが,1995年のそれらは,6.6％,27.2％,66.2％と高度化していた。しかし,韓国経済は製造部門が伸びたといっても先進国と比較して,最終製品の単純加工・組み立ての性格が強く,基礎研究・応用研究といった側面が弱い。また,1984年に250社であった30大財閥の系列社数は1995年には660社に急増している。韓国の大財閥はいずれも,ほとんどすべての業種を抱え込むフルセット構造であるので,当然過当競争になる。また,1995年の30大財閥のオーナー一族および系列会社の株式内部持株比率は44.1％にも上り,情報公開も進んでいない[16]。要するに,韓国の財閥は所有と経営が分離していない非近代的な放漫経営を行なっていたのである。そこへ1997年のアジア金融危機が追い討ちをかけたのである。韓宝鉄鋼（Han-Bo）・起亜（Kia Auto）・真露（Jinro）・双龍（Ssangyong）・漢拏（Hannaハンナ）・ニューコア（Newcore）など30大財閥企業がつぎつぎと経営破たんに追い込まれた。これ

に伴い金融機関の不良債権は28兆ウォン，対外債務は約1000億ドルにふくらんだ。ウォン安も急ピッチで進んだ。

この間，金泳三政権（1993年～1998年）は韓宝事件（1997年，政権中枢・政治家・銀行をまきこむ大疑獄事件）によって失脚しており，1998年に登場した金大中政権もIMF（国際通貨基金）や日米欧に対して救済を要請した。それでは韓国経済を破綻に導いた財閥とはいったい何か。

韓国の財閥は企業グループ（大規模企業集団）の一種である。企業グループとは，経営・人事・財務において公式あるいは非公式に結びついていて，中程度の結合を特徴とする。すなわち，戦略的提携による結合でもないし，法的な単一企業体でもない（したがって事業部制をもつ一つの企業でもない）。多種多様な産業への業務多角化を行なっている。したがって，カルテルやツンフト，業界団体とも違う。

財閥とは，メンバー企業または系列企業で構成される統一体としての企業グループ全体をさす。ここで，韓国の財閥の特徴を日本の企業グループのそれと比較してみよう。表3-1がそれである。

韓国の財閥は，1960年代と1970年代の高度成長期には，国内市場の保護と国家管理銀行からの優遇融資によって多数の有利な事業機会に恵まれたのである。財閥は成長機会を存分に生かすためにその資源を無理に利用し，それがために外部からますます多くの資金と経営資源を導入しなければならなくなった。この場合，健全な経営手腕ではなく，政府官僚との個人的なコネをもち，国家管理銀行から優遇融資を取り付けることが重要であった[17]。

しかし，資本金額が大きくなると一般に株主の支配権が弱まるが，韓国の財閥はどのようにしたのか。それは循環投資と相互負債保障（cross-debt guarantee）である。これによって，初代オーナー経営者は一族が所有するわずかな株式で企業グループ全体を支配することができたのである。新事業を立ち上げるとき，新しい事業部ではなく，いつも新会社を設立し，資金は他のメンバー企業と銀行から調達した。株式市場で資金を調達することは少なかった。たとえば，財閥内のA社は100億ウォンの資本金があるとすると，その

表 3-1　韓国の財閥と日本の企業グループの比較

	韓国の財閥	日本の企業グループ
例	三星・現代・LG・双龍など	三菱・三井・住友・芙蓉など
支配権	創業者およびその一族による所有と支配	集団間の相互依存関係，株式の相互持合い
戦略立案	創業者（ないし後継者）	シニアマネジメントクラスの相互交流による集団的意思決定
継続	世襲，複数の後継者がいる場合は財閥の分割	所有と経営の分離
金融機関	金融機関を持たない（持てない）	金融機関を持ち，そこからの借り入れが多い
その他	高度に多角化，複雑化	共同投資・共同開発が多い

　うち60億ウォンをB社に，20億ウォンをC社に出資する。今度は逆にB社が30億ウォンを，C社が10億ウォンを，A社に出資する。そうするとA社は会計帳簿上，140億ウォンの資本金を持つことになる。このようにしてB社はD社に，D社はC社に…という風に資本金を見かけ上，膨らましていける。このことは法人としての企業が複数存在することが前提になる。1つの企業ではできない。そして，会計情報が少なくとも一部は非公開であることも必要である。このようにして韓国の財閥は権威主義的傾向を助長したのである。

　こうしたことを制限するために，韓国政府は1987年から公正取引委員会（Korea Fair Trade Commission）が毎年4月に，実効性はともかく，一定の基準を設けて大規模企業グループの財務状況を規制している。表3-2は1996年度の財閥の所有状況である[18]。

　この表からわかることは，財閥上位30の平均で見ると，オーナー一族はわずか10.32％しか所有していないのに，内部者持株比率として44.14％も所有していることになる。わずかな金融資産で，圧倒的な支配権を行使できる状態である。これらのオーナー一族のかなりの部分が，タコ足的に事業多角化をしていき，寡占状況を作って競争を制限し，あるいは一国全体で見ると資源のムダをつくり出した。そして破綻へと突き進んだのである。

表 3-2 韓国財閥の所有状況

財閥	企業数	事業部門数	持ち株比率（%）オーナー一族(A)	持ち株比率（%）メンバー企業＋自己所有(B)	内部者持株比率(A+B)	自己資本／資産比率	株式上場度 資本金ベース	株式上場度 企業数ベース
現代	46	38	15.39	46.02	61.40	20.99	44.31	34.78
三星	55	30	2.97	46.04	49.01	32.70	55.22	25.45
LG	48	29	5.97	33.91	39.88	24.20	60.21	22.92
大宇	25	27	6.35	35.35	41.69	22.91	86.19	36.00
鮮京	32	24	16.10	32.54	48.64	23.27	56.86	15.63
平均 1～5位	41.2	29.6	8.20	39.65	47.85	25.14	62.34	26.69
1～30位	22.3	18.8	10.32	33.82	44.14	22.34	62.08	25.56

3．サムスン・グループの事例

アジア通貨危機以降十年以上経つが，韓国でも現在は，業績のよい企業または企業グループは，その経営はグローバル・スタンダードに近くなったと思われる。それでもそれぞれに特色があるようである。韓国では社風として，「管理のサムスン」，「根性の現代」，「人和のLG」などと言うそうである。しかしその中身はなかなか分かりにくい。なぜなら，「韓国企業のそのような行動に見合った評価は，それほど国民から得られていない。それどころか，企業は不正の温床として見なされ，企業家は腐敗の象徴であるかのように見られる場合がほとんどだ。」したがって「企業に対する国民の認識が否定的な方向にあり，学者が…企業研究を避ける風土にある」と言われるからである[19]。

ここでは一例として，現代グループ（本家筋の現会長は鄭夢憲の妻玄貞恩）をあげておこう。現代グループは故鄭周永（チョン・ジュヨン）が創業した大財閥であるが，アジア金融危機以降，一族の内紛なども手伝って，現代自動車グループ（会長鄭夢九チョン・モング，秘密資金疑惑によって一時逮捕さる）・現代重工業グループ（会長鄭夢準）などが離散し，かつそれぞれが対立をしている[20]。

またさらに，現代自動車では，1987年から労働組合が発足しているが（韓国最大の単組），労使対立があり，1994年を除いて毎年，ストが行われ，2007年1月までで累計335日，ほぼ丸1年，工場がストップしている，といった具合である[21]。

しかし韓国でも新しい企業風土を持つ財閥もあらわれている。現在韓国では，最も代表的な財閥となっているサムスン・グループである。さいわいこのサムスン・グループに関してはいくらか文献がある。以下ではサムスンを述べてみよう。

サムスン・グループの中核企業はサムスン電子であるが，韓国では日本の世界的企業であるソニーとよく比較されてきた。このサムスン電子が，ニューヨーク株式市場の発表によれば，2002年4月2日，ソニーの時価総額63兆5600億ウォンを抜き，65兆6800億ウォンとなるほどの世界的企業に発展したのである。2000年からのIT不況の直後である。

IT不況では，128MB汎用DRAM（記憶保持動作が必要な随時書き込み読み出しメモリー）のスポット価格が，2000年の半ばは1個18ドルであったのが，2001年の11月には1個1ドル未満に急落したのである。日本における電子関連企業の2001年度の業績も急速に悪化した。表3-3がこのことを示している。

ところが，サムソン電子では，

1999年：3兆1700億ウォン（3170億円）の黒字

2000年：6兆ウォンの黒字（主として半導体部門）

2001年：2兆9000億ウォンの黒字（世界的IT不況の年）（営業利益は，DRAM＝6983億ウォン，情報通信（携帯電話など）＝1兆3741億ウォン，デジタルメディア＝2928億ウォン，生活家電＝1829億ウォン）

というように業績が好調であったのである。

サムスンは企業グループ（大規模企業集団）である。2002年現在，サムスン電子などどのような企業があるかを表3-4に示そう。サムスンのホームペー

表3-3　日本の主要電子関連企業の2001年度実績（単位：億円）

会社名	売上高 2000年度	売上高 2001年度	当期純利益 2000年度	当期純利益 2001年度
日立製作所	84,169	79,937	1,043	-4,838
ソニー	73,148	75,763	167	153
松下電器産業	76,815	68,766	415	-4,310
東芝	59,513	53,940	961	-2,540
NEC	54,097	51,010	566	-3,120
富士通	54,844	50,069	85	-3,825
三菱電機	41,294	36,489	1,247	-779
三洋電機	21,573	20,247	422	17
シャープ	20,128	18,037	385	113

（出所）韓国経済新聞社編福田恵介訳『サムスン電子─躍進する高収益企業の秘密』27頁

ジによれば[22]全部で63あるということだが，主なものだけを示しておこう[23]。もちろんアジア通貨危機前はもっと多かった。しかも事業は非常に多種であったし，今でもそうである。

　この巨大財閥の創始者は，現在の会長の李健熙（イ・ゴンヒ，Lee, Kun-hee, 1942年～）の父親の李秉喆（イ・ビョンチョル，Lee, Byung-chul, 1910～1987年）で，創業は1938年とされる。

　李秉喆の祖父は李洪錫（1838～97年）で，家代々，儒家であり，また理財に明るかったとされる。父親は李續雨で，儒教・退渓学の教えを守り，李承晩の知人であった。この関係で，後に李秉喆も李承晩の知己を得ることになる。李秉喆は李續雨と安東権との間の二男二女の末っ子であった。李秉喆には朴杜乙（パク・トウウル）との間に三男五女がいたが，一番下の娘の上が現在のサムスン会長の李健熙である。長子相続でないところが儒教的ではない。サムスン・グループの特徴の1つといえる。李秉喆とその三男李健熙のことを年代記風に書いてみよう[24]。（以下の括弧〔　〕は李健熙に関するできごとである）

　李秉喆は1910年2月12日，慶尚南道で誕生している。9歳の時（1919年）

表3-4 サムスン・グループの全体図

電子系	機械系
サムスン電子	サムスン重工業
サムスンSDI（元サムスン電管）	サムスン・テックウィン
サムスン電機	その他
サムスン・コーニング	サムスン物産
サムスンSDS	サムスン・エンジニアリング
金融系	第一紡績
サムスン生命	サムスン・ネットワークス
サムスン火災	サムスン・エバーランド
サムスン・カード	新羅ホテル
サムスン証券	第一企画
サムスン・キャピタル	エスワン
サムスン投資信託運用	サムスン・ライオンズ
サムスン・ベンチャー投資	サムスン医療院
化学系	サムスン経済研究所
サムスン総合化学	サムスン人力開発院
サムスン石油化学	サムスン総合技術院
サムスン精密化学	サムスン文化財団
サムスンBP化学	サムスン福祉財団
	湖巌財団
	サムスン言論財団

に，反日独立運動である三・一独立運動に出会っているが，早くから日本の教育を受けたことになる。1930年4月には早稲田大学専門部政経学科に入学するが，病気のため1年半で中退し，帰郷している。1936年には，父親からの300石の財産で，精米事業・運送業・不動産業（土地投資）を起こし，年収1万石，200万坪の大地主になったが，1937年の日中戦争勃発による地価暴落などにより，事業は失敗する。このとき，事業活動に際しては，①国内外の情勢に目を配ること，②無謀な欲を捨て自己の能力と限界を知ること，③投機はし

ないこと，④直観力を磨くと同時に第二第三の備えをすること，という教訓を得たそうである[25]。その後，これらの教訓はサムスンに受け継がれることになる。④の「備え」にいたっては，息子の李健熙が2002年に「準備経営」という標語を使っているほどである。

1938年，中国各地なども視察し，大邱にて青果・乾物・雑貨の貿易に着手，資本金3万円で，「三星商会」設立，これがサムスン・グループの始まりである。のち，製粉・製麺業や醸造業も手掛ける。〔1942年に，三男李健熙が宜寧(うーりょ)で出生している。オモチャの分解が好きであった。この「技術重視」は今日まで続く。〕1945年には日本の敗戦による朝鮮開放である。1948年には，ソウルに上京，李承晩とも交流している。これ以後，事業報国（事業によって国に報いる）の信念が芽生えたとされる。1948年，貿易業の株式会社三星物産公司を設立（李秉喆，75%出資），イカ・寒天，綿糸，鋼材などをてがける。貿易相手国は香港・シンガポール，米国などに拡大し急成長する。この時，現在の三星経営の原型といわれる①従業員持株，②共存共栄，③従業員に信賞必罰という経営方針を持った[26]。

1950年には朝鮮戦争が勃発するが，この時，韓国銀行により，外貨貸付企業に選定されている。朝鮮戦争は1953年まで続くが，インフレもあって，さらに急成長を遂げる。〔李健熙，1953年から1956年まで東京で学ぶ。〕1953年ごろから，国家自立のため（事業報国），また貿易の比較優位の減少により，商業資本から産業資本へ転換する。とくに輸入代替の製造業にウェイトをおく。まず砂糖，そして製粉業，毛織物業へと展開する。1950年代後半，戦後のインフレや前近代経営によって金融秩序が乱れていたため，李承晩政権が銀行の政府所有株式を払い下げ，民営化する。李秉喆は，興業銀行（株式保有83%），朝興銀行（同55%），商業銀行（同33%）と，次々に手中に収める。その他，肥料・タイヤ・セメント・酒・精糖・海上保険等に進出，財閥が形成される。

1960年，4・19学生運動が起き，李承晩政権は崩壊し，大統領は亡命する。このとき，朴正熙少将（後大統領）によって李秉喆は不正蓄財者の指定を受ける。しかし，「悪徳企業家と国家に尽くす企業家とを区別すべし」と主張し，

追徴金が減額される。しかし市中銀行がすべて政府の管理下におかれる。
〔1961年，李健熙は早稲田大学商学部に入学する。卒業後は，アメリカ合衆国のビジネス・スクールに入学し，1年後，韓国に帰国している。〕1962年，韓国で第1次経済開発5カ年計画が発足する。李秉喆，製油・製鉄・セメントなどの事業を展開する。1964年，政府の支援により，世界最大規模の肥料工場を持つ韓国肥料株式会社を設立するが，ある悪徳政治家により，国家に献納することになる。この時，李秉喆の次男昌熙逮捕さる。また1966年，グループ経営を長男孟熙に任せるが混乱する。やむなく1968年，李秉喆が会長職に復帰する。

1960年代後半，朴正熙政権下で輸入代替工業化から輸出志向工業化へ政策転換が図られる。また1972年には，第3次経済開発5カ年計画が発足し，重化学工業化宣言（1972年）がなされる。他方，李秉喆は電子工業の将来性を見抜き，1969年に三星電子工業株式会社を設立する。日本のサンヨーの12インチの白黒テレビをOEM生産し，技術を学ぶ〔1971年には李秉喆は李健熙にサムスン・グループの後継者に指名する遺言書を書く。当の李健熙は，李秉喆の判断とは別個に，韓国内で初めてウェハ加工を始めた企業・韓国半導体の富川工場を買収する。李秉喆以上に電子工業の将来性を確信していたのである。1978年から李健熙は李秉喆のそばでサムスン・グループの経営を本格的に学ぶ[27]。〕

1980年代，李秉喆は半導体・コンピュータ部門に進出する。サンヨー・NEC・米国コーニングガラス・HPなどと提携する。この間，造船業・機械工業・石油化学工業・ホテル・医療機器にも進出する。1987年李秉喆は死去する。このときサムスン・グループは，売上高17兆4000億ウォン，資本金は6310億ウォン，経常利益2668億ウォン，輸出額11億2500万ドル，従業員数16万596名の大財閥であった。長子単独相続の儒教的家風であったが，遺言どおり，三男の李健熙が2代目に就任する。かれはグループ全体をリストラしつつ，長男以下の兄弟に財産分与し，サムスン・グループからいくつもの「衛星」グループが誕生した。

1988年，李健熙は「第二創業」を宣言し，宇宙航空産業や遺伝子工学分野など新たな分野に進出することと，電子・半導体・通信を1つに合併する事業

再編を行う。また，構造調整本部を強化し，単なる文書管理ではなく，情報提供・状況判断・計画立案の機能を持たせる。この構造調整本部は，李健熙会長とサムスン電子の経営陣とでトライアングルを形成し，重要な役割を果たすことになる。李健熙会長は，半導体事業への進出やサムスン電子とサムスン半導体通信との統合などの経営の方向と戦略を提示する。構造調整本部は，シンクタンク集団の「サムスン経済研究所」と協力して全体的な戦略（未来戦略）を描き，またグループ会社の管制塔の役割を果たす。サムスン電子の経営陣は，構造調整本部の助言を参考に，実際の経営戦略と戦術を練る，といった具合である[28]。しかしこの時期，確かに売上高は伸びたが，売上高利益率が低かった。

　1993年，李健熙，「変えよう」というスローガンを掲げる。「妻と子供以外はすべて変えよう」とも言う。1988年の「第二創業」宣言以降，少なくとも売上高などは急成長を遂げたが，李健熙はすでにこの時，強い危機感を持っていたのである。具体的には，サムスン電子を中心に，電気，時計，データシステム，医療機器などの事業を統合し，重工業と航空の合併を検討する。さらにサムスンは，付加価値の高い先端事業分野を，①グローバル化が可能な事業，②情報と先端ソフトウェアの比重が高い事業，そして③国家的事業の3つに細分化し，事業再編を進める。この結果，1996年には，売上高72兆4000億ウォン，資本金は3兆6363億ウォン，経常利益3兆5400億ウォン，輸出額36億1000万ドル，従業員数26万名へと成長する。しかし1997年5月，アジア通貨危機が始まる。

　1997年11月21日，IMFが韓国政府を管理すると発表，1998年，韓国政府はIMFの支援と引き換えにIMFの管理下にはいり，改革を断行する。その時の大統領は金大中であった。財閥改革で主なものは，①負債の圧縮，②グループ企業間の相互債務支払い保証の解消，③多角化の整理，④財閥グループ全体の連結財務諸表公開，⑤経営責任の明確化と外部監査機能の強化であった[29]。実際この時，多くの財閥が破たんし，株価は暴落，多くの中小企業の倒産，容赦ないリストラ，一家の長の自殺，失業者・ホームレスの増大などが起こった

のである。サムスン・グループも例外ではなかった。

　サムスン・グループでは，グループ企業59社が45社に削減され，中核従業員16万7000人が11万3000人と，なんと5万4000人，32%がリストラされたのである（従業員数に関する数字は文献によって若干違いがあるが大幅な解雇が行われたことは間違いが無い）。事業ベースで言えば，1997年と1998年の間に，34事業と52品目が整理され，42の低付加価値事業が分社化された。たとえば，

　サムスン重工業の建設機械部門　→　ボルボに売却
　フォークリフト事業　→　クラークに売却
　サムスン物産の流通事業　→　テスコに売却
　韓国ヒューレット・パッカードの持ち株　→　HPに売却
　サムスン電子のパワーデバイス部門　→　アメリカのフェアチャイルドに売却
　防衛産業　→　フランスのトムソンに売却
　航空機事業，発電設備，船舶用エンジン部門　→　韓国の他企業と合併，整理
　自動車（1995年，4兆ウォンで設立）　→　ルノーに売却（政府はサムスン自動車を大宇に売却させ，現代と大宇の二元体制にする予定だったが，李健熙が2200億ウォンを投入して持ちこたえようとしたが，しかし結局，ルノーに売却）

といった，徹底した「選択と集中」が行われた[30]。選択されたのは主に，電気・電子系企業（サムスン電子中心），金融・貿易系企業（サムスン生命とサムスン物産中心），サービス系企業（エバーランドと新羅ホテル）であった。韓国経済のこの破たんの原因は一言で言うと，世界的に競争力のある技術の蓄積が韓国には（サムスンにも）無かったことである。そうでなかった日本では，このタイに発するアジア通貨危機の連鎖から大きなダメージを受けることがなかったのである。

　サムスン・グループはこのリストラのおかげで，負債比率は366%（1997年）から197%（1999年）へ，さらに166%（2000年），124%（2002年）へと減少させることができた。グループ企業間の相互債務保証は2兆3000億ウォン（1997年）あったのが，ほとんどゼロ（1999年）になった。かくて前述の，時

価総額でサムスンがソニーを一時的であるにせよ追い抜くことになるのである。このリストラは前近代的ともいえるオーナー経営者にしてできることであった。サムスンには労働組合もない。

韓国財閥経営一般について言うと,「財閥はオーナー経営なので,オーナーが改革を受け入れることを決めれば,改革は一気にすすんだ」[31] のである。皮肉なことである。いずれにせよ,「IMF危機以降,韓国からは韓国的経営は消え,世界に通用するグローバル・スタンダード経営が主流となった。グローバル・スタンダード経営とは,株主を重視し(2002年以降,サムスン電子の株式保有者の50%以上は外国人または外国の機関投資家である―筆者),企業の支配構造を変え,会計の透明性を高め,人事制度を能力主義に変え,年俸制を導入し,ストック・オプションなどを通じて利益を分配するシステムのことである」[32] というような改革が,外圧によるところが大きいが,行なわれたのである。

サムスンに関しては,他の財閥と比較して,李健熙のリーダーシップによって行なわれた側面が強い。時期的にもアジア通貨危機よりも早かったといってよい。

2002年,サムスンが時価総額でソニーを追い越したが,李健熙は満足していない。かれは2002年を「準備経営の元年」という。ところで,財閥経営あるいは企業経営にはガバナンス・経営戦略・人事管理・マーケティング・財務管理・生産管理などいろいろな側面がある。ガバナンスと戦略については既に先に触れた。それら以外についても,経営には,やはり「人」に負うところが大きい。そこで以下では,サムスン・グループあるいはサムスン電子の人事戦略あるいは人事管理の側面について簡単に触れておこう。故李秉喆前会長も「人材が第一」と主張してきたし[33],李健熙現会長は近年,その考えや傾向を加速させている。彼が言う「準備経営」の一環でもある。

サムスン・グループには18万人の従業員がいるが,そのうち,1万2000人が博士級人材という[34]。4万8000人の役職のうち,生産技能職2万2000人を除く2万6000人の25%が修士号,博士号を持っている。サムスン電子の場合に限れば,4万6000人の従業員のうち,博士号保持者1200人,修士号保持者

5500人である（2001年末）。「エンジニア天国」とよばれ，技術系の人材が多い。これを，国籍に関係なく，毎年，修士・博士号を持った人材を1000人づつ増やすよう指示している。

採用に関しては，サムスン経済研究所は，次のような人材を求めるとしている。すなわち①会社の新規事業を主導する人材，②ビル・ゲイツ，マイケル・デルのような，変化と革新を主導する人材，③透徹した価値観と組織観を備えた人材，④人間味あふれる人材，である。しかしこのような人材は既に他で相当な待遇を受けているはずである。したがって，CEO自らシリコン・バレーでもヨーロッパでも探しにいくべきであるとしている[35]。また，スカウトした人材は，サムスン・フェロー（2002年新設，S級の最上級＝特別研究員），S級（高い潜在能力と，実績の保持者），H級（ハイ・ポテンシャル級，実績はなくとも高い潜在能力をもつ），A級（優れた実績と潜在能力をもつ）の研究員に分類している。サムスン電子にはS級研究員が400人在籍している。年俸は，同じ役職の従業員より3倍くらい高いそうである。こうした人材を採用・育成するため，主要国に研究所を設立し，現地の優秀な人材を発掘させたり，国の教育制度では漏れる天才を中学生・高校生から発掘する「メンバーシップ・プログラム」を発足したり，李健煕の1500億ウォンの私財をもって「サムスン李健煕奨学財団」を設立し（2002年），主要国の大学に留学する学部生・修士生・博士生に奨学金を提供している。また「1プラス1」や「2プラス2」などといった，韓国のトップクラスの大学院と連携して，修士号や博士号を協同で育成する制度も持っている。

教育に関しては，サムスン社員は他の韓国企業と比べて忠誠心が高いといわれているが，それは独自の教育システムのおかげである[36]。まず，4週間のグループ入門教育が行われる。内容は濃く，新兵教育訓練より過酷と言われる（韓国では兵役義務がある）。第一週目は社会人としての基本が教育される。20名チームの岩山登山・遊撃訓練などによるチームワーク訓練プログラムも行われる。第二週目はサムスン式経営に関する教育が行われる。第三週目はボランティアと挑戦，テーマ活動が指導される。第四週目は整理と評価期間である。

入社2年目も，2泊3日の夏季教育がある。水平的な関係を強調し，同質感を感じさせる目的がある。経営幹部候補生の教育に関しては，ソニーのソニーユニバーシティーやGMのジョン・F・ウェルチ・リーダーシップ開発センターを参考にしている。これら教育の拠点は「韓国サムスン人力開発院」である。

　不正行為に関しては厳しく対応している。利害関係のある取引先に関連ある社員がその会社に株式投資することは不正行為と見なされることはもちろん，商品券・靴購入券の授受は不正行為と見なされる，10万ウォンを越える慶弔金の授受は不正行為と見なされる，1人2万ウォン以上の食事の接待を受けることは不正行為と見なされる，取引先との商談・会議中の食事は会社が費用負担することが原則，など細かな「不正判断基準」を設け，その場合の行動指針を示している。また，上司は部下に激励の意味で贈り物を与えてもよいが，部下が上司に個人的に金品を送ることは不正行為と見なしている[37]。これら基準の存在が意味するところは，いままで韓国ではこれらの行為がごく普通に行われてきたということであろうか。

　人事考課に関しては，サムスン電子の人事考課システムを図3-5に示しておこう。

　営業部門は挑戦意欲に，マーケティング部門は国際化に，支援部門は問題解決能力に，高い比重を与える。同じ職階でも最大5倍以上の格差が付く。システムは，サムスン電子の人事チームが考えるが，人事考課の結果については一切関与しない[38]。

　労使関係・福利厚生に関しては，サムスン電子には労働組合がないが，多様な福祉政策がとられている（2001年，1人あたり110万ウォンが費消された）。また2001年末，従業員数は4万6000人で，女性社員は約半分の2万1000人。このうち生産部門では，1万4000人と30%が働いている。彼女たちは「分任組」という小集団（日本の小集団に似る）を形成し，労組よりはるかに緻密に，社員らの問題点を発掘し，解決している。

図3-5　サムスン電子の人事考課システム

区　分	職　群		社　員	幹　部
電子共通の主要分野	全職群共通の評価項目	⇒	価値革新／顧客重視／専門性（40～50％）	
階層別の主要分野		⇒	責任感（20％）	リーダーシップ／戦略企画／人材育成（30％）
職群別の主要分野	支援部門 デザイン 営業／マーケティング 技術 製造 資源	⇒	目標達成への意欲／問題解決／情報力／協調性／意思疎通／チャレンジ精神／国際化／意思決定など8項目のうち1～3項目を選択（20～40％）	

（　）は評価比重

出所：韓国経済新聞社編福田恵介訳『サムスン電子──飛躍する高収益企業の秘密』117頁より

4. 結　　び

　韓国財閥はオーナー一族という少数支配を続けながら，巨大企業グループとして成長してきた。財閥の会計は公開されることが少なく，不透明な一族の機密費が公然と存在した。典型的には韓宝事件であった。韓国国内ではひとびとは，財閥の一族である血縁や地縁，学閥などに頼って，より優位な地位を確保しようとしてきた。韓国では中小企業は財閥の業者にすぎなかった。その状況は1998年，IMF体制以降の金大中政権にはいって大きく変わった。財閥企業の経営の透明化は，一族の不透明な資金使用なども許さない状況を作り出した。必要であれば解体も辞さない大統領の姿勢は，韓国財閥の体質に変化があった。財閥間での重複事業部門の統廃合（ビッグ・ディール）も進んでいる。サムスンと大宇（Daewoo）との間で前者の自動車部門と後者の電子部門との交換が取り決められ，LGと現代（Hyundai）の間で前者が後者に半導体部門を譲渡するという合意が動きだした。初代財閥オーナーも2代目もしくは3代目

になり，財閥のオーナー一族の企業支配力は弱まると思われるが，昇進や人事評価が急激に変わるというわけではない。やはり，能力よりも血縁，地縁，学閥が企業の地位に重要な影響力を持つことには変わりがないだろう。

　本章ではあまり述べなかったが，財閥のオーナーたちは顧客や社会貢献などを，さらには人事管理においても従業員のことなどをあまり考えてこなかった。従業員のほうもあまり経営者を当てにしなかった。これは，この国の場合，多くの戦乱や社会不安の歴史があり，頼れるものは血のつながった家族だけであるという考えがある。また本章でも触れたように，儒教はもっとも純粋な形で韓国に残ったので，家族主義が強く，国家や企業よりも家族を大切にするという伝統が強い[39]。

　IMF管理体制後の今，韓国の財閥の中ではサムスンの一人勝ちの観がある。韓国サムスン電子の2004年の純利益は10.8兆ウォン（前年比81％増），売上高58兆ウォン，営業利益12兆ウォンであった[40]。利益額ではマイクロソフトやインテルを超え，IT産業では世界最高額である。現会長李健熙は，父親の李秉喆譲りの果敢さで，「選択と集中」戦略をとる。彼は1974年，韓国内で初めてウェハ加工を始めた企業・韓国半導体（米カムコ社が運営）の富川工場を買収したのをきっかけに，父親の企業グループを，サムソン電子を中心にした一大財閥に育てあげた。サムスンの経営はグローバル・スタンダードに近づいていったのである。

　サムスンは液晶ディスプレーでは世界トップ，携帯電話ではノキアに次ぐ世界第2位の地位を築き，この知名度をテコに，さまざまな電子・電気機器を既存の販売ルートを利用しながら消費者に提供している。必要な人材には国籍を問わず招聘し，また博士号を持った人材が1500名おり，MITやスタンフォードなどのMBAを毎年100名単位で採用している。

　このサムスンの成長には，李父子の経営センスが大きく貢献している。李健熙についても，次のように言われている。「サムスン電子の競争力には，一歩先を見つめたビジョンを提示し，果敢に投資決定を下す李健熙会長のリーダーシップに大きく依存している[41]」。また，李健熙自身，次のように話してい

る。「日本人は午前8時が出社時間だとしても，7時50分までに出社して，電話や机を拭いて，書類を整理する。だが，アメリカ人は8時5分に出社し，韓国人は8時前後に出社する。また，退社時も日本人は決められた時間よりも10分ほど遅く帰る。その10分の間に機械を拭いたり机を整理したりするが，アメリカ人は機械の修理中でも時間になると帰ってしまう。これが韓国と日本，アメリカのちがいである[42]」と。李秉喆もそうであったが，李健熙もまた，日本の教育も受け，日本での生活が長かったということから出る言葉である。このようにして李父子の経営センスが磨かれていったのであろうか。

　サムスンの成長には，優れた事業ポートフォリオも功を奏した。2000年からのIT不況によって，半導体の収益率が低下すると携帯電話事業が大きくカバーするといった具合である。さらに，優れた経営陣があったことも確かで，李一族直属の構造調整本部のスタッフ，そして各企業のCEOたちの存在も大きい。結局，李健熙・構造調整本部・各CEOのトロイカ体制で経営が行なわれてきた[43]。これはちょうど韓国の政治体制が，大統領・青瓦台（大統領府）・国務総理（首相）以下の各省庁で運営されているのと同じである。この韓国における政治体制の源は李承晩であった。

　グローバル・スタンダードという経済合理性への力学が韓国の財閥にも働く。他方で，この国の場合，詳しく述べてきたように，多くの戦乱や社会不安の歴史があり，頼れるものは血のつながった家族だけという考えもある。また儒教の影響が強く，国家や企業よりも家族のほうに上位の価値をおく傾向が強い。今後はこの二つの絡み合いの中で変化していくものと思われる。

註

1）韓国の正式名称は大韓民国（テハンミングク，The Republic of Korea）である。他方，北朝鮮の正式名称は朝鮮民主主義人民共和国（Democratic People's Republic of Korea）である。韓国では，「李氏朝鮮」などの歴史上のものをさす場合以外は，「朝鮮」という言葉をあまり使わなくなっている。

　「韓国」全般についての包括的な文献目録は，次のものが分かりやすい。

石坂浩一『韓国と出会う本―暮らし，社会，歴史を知るブックガイド』(岩波書店・2003年)

2) http://www.mofa.go.jp/mofaj/area/korea/ (2007年1月アクセス)

3) ICSEAD, EAEP (East Asian Economic Perspectives), Vol.14, No.1 (2003年2月) 各ページと，中国に関しては，

http://www.nikkeibp.co.jp/news/biz07q1/523650/ (2007年1月アクセス) より補完して筆者作成。

4) 金両基『物語韓国史』(中央公論新社・1989年) 9頁。

5) 国史編纂委員会・一種図書研究開発委員会編大槻健・君島和彦・申奎燮訳『韓国の歴史』(明石書店・2003年) 78頁。

6) 金両基，前掲書，211-214頁。

7) 国史編纂委員会・一種図書研究開発委員会編大槻健・君島和彦・申奎燮訳，前掲書，135頁。

8) 国史編纂委員会・一種図書研究開発委員会編大槻健・君島和彦・申奎燮訳，前掲書，195頁以下。

9) 朝鮮史研究会編『入門朝鮮の歴史』(三省堂・1986年) 191頁。

10) 木村幹『韓国における「権威主義的」体制の成立―李承晩政権の崩壊まで』(ミネルヴァ書房・2003年) 75頁以下。

11) 国史編纂委員会・一種図書研究開発委員会編大槻健・君島和彦・申奎燮訳，前掲書，513頁。

12) これは日中戦争以降，北朝鮮のほうが地理上，日本の兵站基地として重要であったことと関係している。

高崎宗司『植民地朝鮮の日本人』(岩波書店・2002年) 161頁。

13) 姜英之「韓国―先進国経済の課題に立ち向かう」，渡辺利夫編『アジア経済読本第2版』(東洋経済新報社・1998年) 35頁。

14) 小林英夫『戦後アジアと日本企業』(岩波書店・2001年) 52頁。

15) 姜英之，前掲書，39頁。

16) 姜英之，前掲書，45頁。

17) ケウン・リー「韓国財閥のコーポレート・ガバナンスと成長：1997年危機のミクロ経済的根拠」,『東アジアの視点』(国際アジア研究センター・2000年12月号) 99頁。
18) ケウン・リー, 前掲書, 100頁より作成。
　　また, 次を参照のこと。
　　http://eng.ftc.go.kr/ (韓国公正取引委員会のページ)
19) 韓国経済新聞社編福田恵介訳『サムスン電子—躍進する高収益企業の秘密』(東洋経済新聞社・2002年) 8-9頁。
20) 日本経済新聞社 2006年5月3日付朝刊
21) 日本経済新聞社 2007年1月26日付夕刊
22) http://www.samsung.com/ (2005年10月アクセス)
23) 韓国経済新聞社編福田恵介訳, 前掲書, 23頁。
24) 柳町功「韓国の三星」, 岩崎育夫編『アジアの企業家』(東洋経済新報社・2003年) 9頁以下など。
25) 柳町功, 前掲書, 12-13頁。
26) 柳町功, 前掲書, 15頁。
27) 洪夏祥著宮本尚寛訳『サムスン経営を築いた男　李健熙伝』(日本経済新聞社・2003年) 69頁。
28) 韓国経済新聞社編福田恵介訳, 前掲書, 93頁。
29)「週刊東洋経済」2005年2月26日号 43頁。
30) 洪夏祥著宮本尚寛訳, 前掲書, 181-182頁。
31)「週刊東洋経済」前掲号 43頁。
32) 洪夏祥著宮本尚寛訳, 前掲書, 183頁。
33) 韓国経済新聞社編福田恵介訳, 前掲書, 53頁。
34) 洪夏祥著宮本尚寛訳, 前掲書, 201頁。
35) 洪夏祥著宮本尚寛訳, 前掲書, 198-199頁。
36) 韓国経済新聞社編福田恵介訳, 前掲書, 186頁。
37) 韓国経済新聞社編福田恵介訳, 前掲書, 126頁。

38) 韓国経済新聞社編福田恵介訳，前掲書，117頁。
39) 金日坤「日本と韓国の経済・経営の比較」,『東アジアの視点』(国際アジア研究センター・2003年6月号) 46頁。
40) 「週刊東洋経済」前掲号43頁。
　　　http://www.chosunonline.com/ (朝鮮日報のページ)
　　　http://japan.samsung.com/jp/ (日本サムソンのページ)
41) 韓国経済新聞社編福田恵介訳，前掲書，224頁。
42) 洪夏祥著宮本尚寛訳，前掲書，53頁。
43) 2010年12月4日付の日本経済新聞朝刊によれば，サムソン電子の社長に李健熙の長男の李在鎔（イ・ジェヨン）が就任するとのことである。また，構造調整本部は「未来戦略室」に衣替えされている。

第4章

台湾——矛盾と分裂の400年

はじめに

　少し前まで，われわれの周りには台湾で生まれた，あるいは台湾で育ったという日本人が珍しくなかった。しかしわれわれは，そのような日本人から戦後の台湾のことを詳しく聞くことがあまりなかったように思う。台湾では1949年から1987年までの38年間，世界で最も長期間にわたる厳戒令が敷かれ，したがって彼らもまた，戦後の台湾についてくわしい情報が得られなかったからである。

　若い日本人の中には知らない人も多くなったが，台湾は1895年から1945年の太平洋戦争敗戦までの50年間，日本の植民地であった。その後も蒋介石率いる国民党政権が中国大陸から台湾へ移り住み，上述の厳戒令下においたので，台湾人は合計して約100年間，みずからの歴史を自由に語ることが憚られた。したがって台湾人ですら，台湾の歴史が十分に伝えられていないのである。

　今日ではマスコミもしばしば，現在の台湾の風景や料理や音楽・映画などを伝えている。台湾への日本人旅行者も，北米・中国・韓国・香港についで多く，年間100万人を超えている[1]。しかし多くの日本人は，台湾の歴史を知らず，台湾とは何かという認識を欠いているように思われる。この認識なくして，現在の台湾の文化や政治はもちろん，その経済も理解しにくいのではないだろうか，というのがわれわれの考えである。

　まず台湾の基礎データを簡単に見ておこう。現在台湾を統治している「中華民国」の地理的支配領域は，台湾本島と澎湖諸島とその他島嶼，および中国大

陸福建省にある金門諸島と馬祖諸島と鳥坵島からなり，その総面積は36,188平方km，九州よりやや小さい程度である。台湾本島の気候は熱帯と亜熱帯に属すが，南北に中央山脈が走り，3,950mの高峰玉山（かつてわが国では新高山と呼んだ）をもっている。台湾本島の中央から四方へ川が流れ出しており，橋を渡すのも中央にトンネルを掘るのも難しく，長らく交通は不便であった。人口は2,316万人（2010年末），言語は，公用語としては中国語（北京語），日常語はホーロー語（台湾語）・客家語・原住民諸語・台湾華語（ホーロー語の影響が強い北京語）である。面白いことに，原住民間では日本語が通じることがある。台湾を知るうえで言語は重要である。

　国内総生産（GDP）は4,289億米ドルで，1人あたりGDPは18,603米ドルである。国家予算（2004年度）は1兆5652億台湾元で，そのうち国防費が15.9％と非常に高い。GDP比による産業構造は，農業1.7％，工業29.5％，サービス業68.7％であり，十分産業高度化している。輸出額2,747億米ドル，輸入額2,514億米ドルである。対日貿易額は，輸出180億米ドル（第4位），輸入519億米ドル（第1位）であり，日本との関係が深い。在留日本人も1万人を超える[2]。

1. 台湾の社会構造

　台湾では言語・文化によって大きく4つのエスニック・グループが区分される[3]。オーストロネシア系の「原住民（先住民族）」，漢民族とされる「ホーロー人」と「客家人」，戦後国民党政権とともに中国大陸から台湾に移住した「外省人」である。構成比は，原住民2.4％（45万人），ホーロー人74.5％（1,416万人），客家人13.2％（251万人），外省人9.9％（187万人）で，ホーロー人が圧倒的に多い[4]。図4-1にその構成比を示しておこう。

　まず第一のオーストロネシア系の原住民は，5000年以上も前から台湾に定住していたと見られている。オーストロネシア系（かつてはマレー・ポリネシア系ともいった）は，西はアフリカ近くのマダガスカルから東は太平洋のハワイ

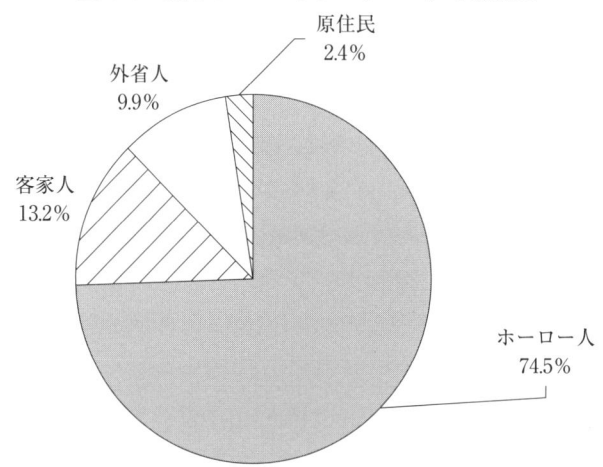

図 4-1 台湾のエスニック・グループの構成比

- 原住民 2.4%
- 外省人 9.9%
- 客家人 13.2%
- ホーロー人 74.5%

（出所）行政院文化建設委員会（戴國煇『台湾』(1988年) 13頁より転載）

諸島・イースター島にまで分布している。航海を得意とした大きな種族である。広範に話される言葉や習慣が台湾における原住民諸部族間より近いので，オーストロネシア系の祖先となる南モンゴロイド人種がいったん台湾から海を渡って拡散し，それらの一部が異なる時期にまた台湾に戻ったのではないかという説がある[5]。確かに最後の氷河期であるヴュルム氷河期（7万年〜1万年前）では，日本列島もそうであるが，台湾もユーラシア大陸と陸続きであった。

この先住民族は，漢字文化との接触の程度によって大きく2つに分けられる。20世紀初頭まで漢字文化との接触がなかった諸部族を「高山族」(一時期，日本では「高砂族」と呼んだ）とよび，タイヤル（アタヤル）族・サイシャット族・ツォウ族・ブヌン族・ルカイ族・パイワン族・アミ族・ピュマ族・(離島の蘭嶼に住む）ヤミ族がそれである。9部族間には，言語，文化，社会組織，生活様式などに違いがある。固有の文字は持っていない。一定年齢以上の人の共通語は日本語である。あえて共通する身体的特徴をあげれば，淡褐色の皮膚，大きな炯々とした目，二重まぶた，低い身体である[6]。近年までの高山族

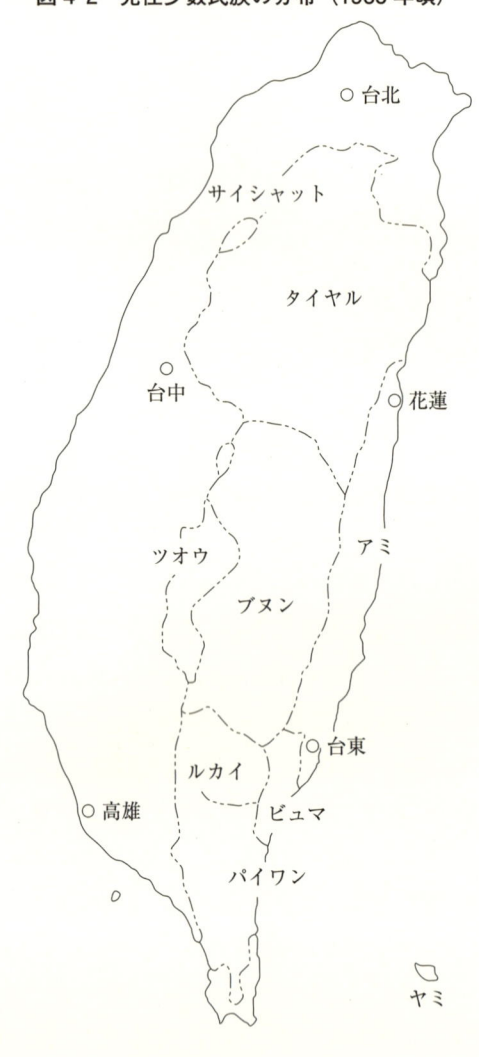

図4-2 先住少数民族の分布 (1965年頃)

○台北
サイシャット
タイヤル
○台中
○花蓮
ツオウ
アミ
ブヌン
ルカイ
○台東
○高雄
ビュマ
パイワン

ヤミ

の分布を図4-2に示しておこう。台湾の近代化とともに諸部族の分布は必ずしも明確ではなくなってきた。

　漢字文化に服属し混血し納税した諸部族は「平埔族」とよばれ、ケタガラン

族・ルイラン族・カバラン族・タオカス族・サオ族・パゼッペ族・パポラ族・バブザ族・ホアニア族・シラヤ族の 10 部族に分けられる。もともと「タイワン」とは最後にあげたシラヤ族が，外来者あるいは客人を「タイアン」(Taian) と称していたのが訛ったものと言われている[7]。

　第二のエスニック・グループは，台湾における最大の割合（74.5％）を占める「ホーロー人」である。一般に「台湾語」とよばれている「ホーロー語」を話す。この言葉は，台湾の対岸にある福建省南部で話されている閩南語とほぼ同じで，福建省から台湾に移住してきた閩南人移民が台湾にもたらしたものである。

　第三は「客家人」で，「客家語」を話し，もともとは広東省や福建省の山間部にいた人たちである。客家語は言語的には閩南語と広東語との中間に位置するといわれている[8]。以上の「ホーロー人」と「客家人」，場合によっては「原住民」も含めて，「本省人」という。

　第四の「外省人」というのは，戦後，中国大陸における国共内戦に敗退して中国国民党政権とともに台湾に移住してきた人々とその子孫たちのことである。本籍は大陸にある。戦後の台湾における最も重要な社会構造上の問題は，台湾住民全体のうち 1 割あまりのこの外省人が，政府や大企業の主要な地位をほぼ独占してきたことである。いわゆる「省籍矛盾」といわれる現象である。2000 年の総統選挙ではじめて，本省人陳水扁が率いる民進党政権が登場した。

　ところで，台湾が歴史に登場するのはおよそ 400 年前である。それまでは九州ほどの大きさのこの台湾に，数万人の先住民族が山地と平野部にバラバラに生活していた。狩猟や漁労，焼き畑農業を営んでいた。それが今日のように複雑で分りにくい台湾社会になっている。したがって，オランダ，鄭氏（明の遺臣，漢民族），清（満州人王朝），日本，中国国民党が支配してきたこの台湾の 400 年間の歴史的展開をみておく必要がある[9]。

2. 台湾略史（1）——台湾南西部，オランダ・鄭氏・清の支配

　15世紀末に始まる世界史の「大航海時代」に，ポルトガルが始めて台湾を発見し（推定1544年），「Ilha Formosa!」（イラ＝島，フォルモサ＝美しい）と言った。以来，今でも台湾のことを「フォルモサ」と呼ぶことがある。

　同じころ，倭寇と海賊（ともに民族的に混交）が，澎湖列島や台湾まで荒らしまわっていた。中国大陸の明王朝（1368-1644年）の役人は，それらを澎湖列島までは追撃するが，台湾までは深追いしなかった。台湾は風土病の蔓延する恐ろしい未開の地と考え，また地理に不案内であったからである。

　最初に台湾を占領したのはオランダであった。ポルトガルやスペインにくらべて，オランダはアジア進出に後れをとっていたが，「オランダ連合東インド会社」を設立し，台湾を中継地とした中国や日本との貿易をもくろんでいたのである。オランダはインドネシアのジャカルタ（当時バタビアと呼んだ）を拠点に，台南付近の安平（あんぺい）に上陸し（1624年），ゼーランジャ城（今日では「安平古堡」と称す）を，翌年にはプロビンシャ城（「赤嵌楼（せきかんろう）」）を着工し，以後38年にわたるオランダ支配がつづいた。

　オランダは明王朝と異なり，中継貿易の拠点としてだけでなく，その肥沃な土地と物産からも，植民地としての台湾の価値を十分認識していた。そのため労役や農奴として，中国南部・福建地方から漢人を連れてきた。このときにコメは輸入品から輸出品になる。なかでも砂糖産業はその後300年にわたり，台湾の重要な輸出産業になる。漢人や先住民族の支配には，武力とキリスト教（プロテスタント）教化とが用いられた[10]。

　当時のヨーロッパとアジアの貿易構造は図4-3のとおりである。台湾での外国人による貿易に10％の関税をかけるとともに，アムステルダムには絹・陶器・金などがもたらされ，オランダは大きな利益を上げた[11]。一時期，オランダと同様に貿易の中継地を求めていたイスパニア（今のスペイン）が台湾北部を占領したが，オランダによって駆逐された。

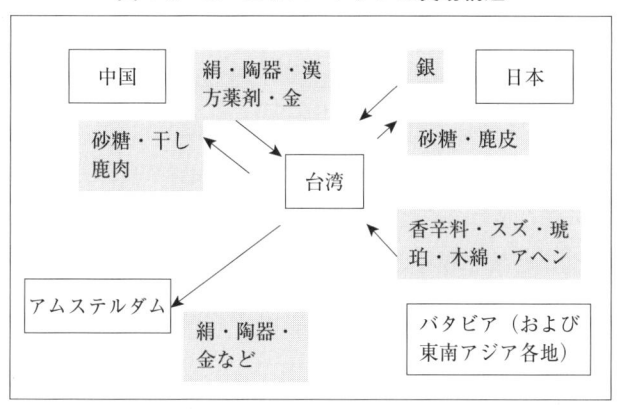

図 4-3 ヨーロッパーアジアの貿易構造

```
┌─────────────────────────────────────────────┐
│  ┌──────┐   絹・陶器・漢      銀    ┌──────┐ │
│  │ 中国 │   方薬剤・金    ↙  ↗     │ 日本 │ │
│  └──────┘      ↘     ↙            └──────┘ │
│   砂糖・干し  ←          砂糖・鹿皮         │
│   鹿肉         ┌──────┐                     │
│                │ 台湾 │                     │
│                └──────┘                     │
│         ↙           ↖ 香辛料・スズ・琥      │
│                        珀・木綿・アヘン     │
│  ┌──────────┐  絹・陶器・  ┌──────────────┐│
│  │アムステルダム│  金など    │バタビア(および││
│  └──────────┘             │東南アジア各地)││
│                            └──────────────┘│
└─────────────────────────────────────────────┘
```

　このころの台湾の人口は，先住民と移住民合わせて 10 万余人であった（移住民は 2 万余人と推定される）。

　一方，大陸では大きな政変が起こっていた。明王朝に対する農民反乱のリーダーである李自成が，1644 年に北京を陥落させた後，清朝（満州族王朝）が明に変わって中国を支配した。はじめ海賊の頭領であった鄭芝龍（てい し りゅう）（1604-61 年）は，長崎の平戸の田川氏の娘との間に生まれた息子，鄭成功（ていせいこう）（1624-62 年）とともに，明朝の遺臣として大陸南岸で反清運動を続けた。鄭芝龍が清朝によって暗殺されたのち，鄭成功は 1662 年，台湾からオランダ人を追い払って，そこを「反清復明」の拠点とした。台湾にわたった鄭成功の大軍とその家族は 3 万人であった。中国から台湾への最初の集団移住であった。因みに，鄭成功は，近松門左衛門の浄瑠璃『国姓爺合戦（こくせんや）』により，わが国でも昔からよく知られている。

　鄭氏一族が台湾に移ると，清国政府は台湾を封鎖し孤立させようとする。「遷界令」（広東・福建・浙江・江蘇・山東の沿岸住民を内陸部に移住）や「海禁」（民間の海上貿易の禁止）がそれである。ところがこの封鎖政策が皮肉にも中国との密貿易を増大させ，また福建・広東住民の台湾への移住を増加させた。これによって台湾の人口増大と特に台湾西岸全体にわたる耕地面積の増大があっ

た。鄭氏政権の間に,移住民の推定人口は12万～15万人に増えた[12]。

鄭氏政権は反清復明政策をとりつづけ,その軍費をまかなうため,人頭税・家屋税・製麺税・運搬車税・食塩製造税・結婚紹介税など住民に重税を課した。また鄭氏政権は後継者をめぐる内紛が生じたりして,衰退していった。1683年,清国の康熙帝(1662-1722年在位)は,台湾の鄭氏政権に背いた施琅(しろう)に,300余の戦艦と2万余の兵員を使って,澎湖島と台湾を占領させた。激しい戦闘と智謀戦の結果であった。こうして,鄭成功・鄭経・鄭克塽の三代にわたる鄭氏政権は終わり,1684年,清国は台湾西部を「福建省台湾府」としてその版図に収めた[13]。

清国はその後,212年にわたって台湾を領有したが,1874年(日本の出兵)までの約190年間は,消極的な経営であった。移住民10数万人を中国に強制的に引き上げさせ,そして中国から台湾への新規の移住を制限した。台湾が再度,盗賊の巣窟となったり反乱の拠点になったりしないためである[14]。また「封山令」を施行し,台湾に残った移住民が原住民と接触することを禁じた。しかしこれらの効果は限られたものであった。そうして中国からの移住民と原住民・平埔族とが混血してできたのが今の台湾人である[15]。

中国本土から台湾に派遣される官吏は,概して優秀といえず,俸給も低かった。道台(長官)の年俸は銀62両,各県の知県(知事)は銀27.5両,兵士は銀24両であった。そのため官吏の汚職や賄賂は日常茶飯事であった[16]。そのため,「五年一大乱,三年一小乱」といって,反乱や武力蜂起が絶えなかった。オランダ時代より多かった。これらの鎮圧には,台湾駐屯部隊だけでなく,中国本土からの応援も必要とした。

これら反乱や武力蜂起が結局成功しなかった理由の一つは「分類械闘」であった。分類械闘とは,閩南系(これはさらに漳州系と泉州系とに分れる)と客家系とにそれぞれ結束すること,またそれぞれの中でも,一族や同姓ごとに結束することである。貧困な福建でよく見られた因習である。これに原住民も加わる。当然,当時,たがいに言葉はあまり通じなかった。これが今日の台湾社会の族群分裂にも受け継がれている[17]。

19世紀後半になると，産業革命を達成したヨーロッパ諸国は東アジア地域を安価な原料供給地および自国産工業製品の大市場と位置づけ，積極的な進出・侵略を推進していった。アヘン戦争（1840-42年）やアロー戦争（1856年）はその象徴的な出来事であった。台湾もまた，欧米列強に開放させられることになる。これ以降，台湾は世界経済に組み込まれ，資源豊かな土地とみなされていく。また，フィリピンのサン・ドミンゴ教会（旧教）・英長老派教会・カナダ長老派教会など，宣教師によるキリスト教の布教も行われ，台湾社会の多様化と近代化に一定の貢献があったといわれる。そして，西欧よりやや遅れて近代化を開始した日本がここに登場する。

1871年，当時まだ日本と清国とに両属していた琉球の宮古島の住民66名が台湾南部に漂着し，54名が牡丹社（部落名）の先住民に殺害された。いわゆる「牡丹社事件」である。これ以降の日本政府の行動は素早かった。まず，陸軍少佐樺山資紀・清国留学生の水野遵・外務省顧問リゼンドル（米前アモイ領事）に台湾を調査させる。1873年には，外務卿の副島種臣が「日清修好条規」批准書交換のため北京を訪れ，牡丹社事件に関しても，清国政府と交渉した。その時，清国政府は台湾の住民は「化外の民」で，その地域は「化外の地」（教化のおよばないところ）として牡丹社事件の責任を回避した。これを受け，1874年，日本政府は，陸軍中将西郷従道を台湾蕃地事務都督，大隈重信を台湾蕃地事務局長官，リゼンドルを事務局二等出仕（副長官相当）に任じておいて，台湾に出兵，台湾南部を占領する。同時に日本政府は，大久保利通を全権弁理大臣として，リゼンドルを伴わせて，清国に派遣する。交渉の末，日清両国の間に「北京専約」が結ばれて，清国は日本に50万両を支払い，日本は台湾から撤兵することが確認される。間接的にではあるがこの時，琉球の日本帰属を清国政府が認めたことになる。

日本は1874年の台湾出兵を前に，アメリカ人のリゼンドルを外務省顧問に起用したことは上述の通りである。彼は日本政府に，「北は樺太より南は澎湖島および台湾にいたる一連の列島を領有して，支那大陸を半月形に包囲し，さらに朝鮮と満州に足場を持たなければ，帝国の永遠の独立は難しい」と意見書

を書き，その後の日本の大陸政策はほぼこのリゼンドルの意見書に沿っている。

　朝鮮の権益をめぐって日清戦争（1894～95年）が起こり，1895年，日清講和条約（下関条約とも）が調印される。台湾と澎湖島との割譲を含むものであった。日本政府は，海軍大将の樺山資紀を台湾総督に，水野遵を民生局長官心得になどして，台湾の受け渡しと占領を急いだ。台湾北部は思いのほかたやすく制圧したが，南進作戦は台湾住民の激しい抵抗にあった。台北は実利主義の気風が強いが，中南部はロマン主義的な気風が強いといわれる[18]。それゆえ陸軍中将高橋鞆之助・乃木希典などが投入された。日本軍はあわせて，陸軍二個師団半の約5万人，軍属と軍夫約26,000人，軍馬約9500頭であった。当時の陸軍の約3分の1である。海軍は連合艦隊の大半が動員された。このようにしてまもなく台湾全島が平定された。以降50年間，日本が台湾を領有することになり，日本による植民地支配が続く。日本の朝鮮領有は35年間であったので，台湾のほうがはるかに長かったのである。

　この当時の台湾の人口は，先住民45万，移住民は255万の計300万と推定されている。

3. 台湾略史（2）——日本の植民地統治時代

　日清講和条約第5条によって，台湾住民は2ヵ年の猶予を持って，国籍選択の自由を与えられていた。しかし，実際に台湾から退去したものは5,000名前後しかなかったと言われている。人口の1%にも満たない。99%以上の台湾人は，好んで日本国籍を選んだ訳ではないのである。それどころか当初，日本の植民地統治に対する台湾人の抵抗も強かった。それゆえ日本の台湾統治は，初代総督の樺山資紀から3代目の乃木希典総督までは台湾人の武装ゲリラ（土匪）に対する鎮圧に明け暮れた。日本政府も台湾総督に対して，台湾の行政・司法・立法から軍事までを一手に掌握しうる強大な権限を持たせた。この台湾総督は台湾に君臨する「皇帝」として，台湾人に「土皇帝」と呼ばれ，畏怖さ

れた。

　日本の植民地支配が軌道に乗ったのは 4 代目総督兒玉源太郎（1898〜1906 年在位）からである。しかし彼は国内政治に忙しく，実質的に台湾経営を行ったのは，彼の下で民政長官に就任した後藤新平であった。土地改革，インフラストラクチュアの整備，アヘン中毒患者の撲滅，学校教育の普及，製糖業などの産業の育成などを行うことにより台湾の近代化を推進し，一方で植民地統治に対する反逆者には取り締まりをするという，『飴と鞭』の政策を有効に用いることで植民地支配を軌道に乗せた。後藤の台湾経営を見てみよう。

　彼の台湾経営の第 1 は，台湾住民の 2 割が中毒者だとされた阿片問題への取り組みであった。「厳禁論」と「非禁論」が真っ向から対立していたが，後藤は「漸禁論」を唱えた。「漸禁論」は，①阿片吸引者の漸減という行政目的，②阿片専売収入という財政目的，③抵抗する「土匪」の対策に協力させるという治安目的，をもっていた。

　第 2 に，80 歳以上の高齢者は「饗老典」の式典に招いてもてなし，ゲリラの投降者には刑を免除する，などのアメを与えた。ムチは，日本の植民地統治を朝鮮では「憲兵政治」というが，台湾では「警察政治」であった。台湾の警察は「泣く子も黙る」と恐れられた。後藤の就任から 1902 年までの 5 年間に処刑されたゲリラは 32,000 人にも達している[19]。当時の台湾人口の 1% である。

　第 3 に後藤は，1898 年から土地調査を行い，予想した 30 万甲をはるかに超える 62 万甲であることが判明した。地租の増収となった。1903 年から戸籍調査を行い，台湾本島人（台湾人）は約 298 万人（97.8%，閩南系 249 万人，客家系 40 万人，平地先住民 5 万人，山地先住民 4 万人），日本人は 57,000 人，中国人を含む外国人は約 1 万人であった。先住民の減少は，山地先住民の調査漏れと平地先住民の漢族化とによる。

　第 4 は，インフラストラクチュア（経済活動の基盤となる交通，運輸，港湾施設・設備）の整備である。さらに，台湾銀行の設立・台湾銀行券の発行・農業振興のための水利灌漑施設の整備（台湾では八田與一の貢献が有名）・コメの品

種改良(磯永吉による台湾蓬莱米)・精糖業の育成(日本資本に対する優遇策を主とする)・公衆衛生の普及など広範な施策を行った。

このころから,台湾人による大規模な武力抵抗は終息していく。後藤は台湾人の教育には消極的であったが,後藤時代以降は,近代産業が発達するにしたがって,その担い手を育成する必要から,学校教育も充実されていく。小学校・公学校・師範学校・職業学校・中学校から帝国大学(1928年)まで創設し,また多くの日本人教師を派遣した。1944年の児童就学率は92.5%という高さであった。このことは,1970年代以降の台湾経済の飛躍的発展と無関係ではないであろう[20]。

産業についても,鉄道の延長・耕地面積の拡大・道路の整備・水力発電所・火力発電所の建設など,近代化が推し進められた。国民党一党支配の後の今日でも,これらの施設・設備の一部が実際に使われている。

しかし,1930年に起きた霧社事件は総督府を震撼させた。中央山脈の山地原住民タイヤル族の集落,霧社で,部族の一群200人ほどが,運動会開会式に集まっていた日本人132名を殺害,215名負傷,さらに和服を着た台湾人2名を殺害したのである。これに対して時の総督は台湾軍800名を出動させ,武装警官隊・漢族系台湾青年団あわせて2700名を派遣し,ゲリラ戦であったため,50余日かかって鎮圧,部族276名を殺害した。のち1931年,他の部族が,投獄されていた部族210名を殺害した(「第二霧社事件」)。この事件の原因は,日本の統治に対する不満であったと指摘されている。

4. 台湾略史(3)―日本植民地統治から国民党支配へ

約400年前に台湾が歴史に登場してから,オランダ・鄭氏三代・清朝そして日本が次々と台湾を支配した。台湾の人口も,当初,先住民が数万人であったのが,日本植民地統治時代の終わりには約600万人になっていた。そして1945年,日本は敗戦した。日本はポツダム宣言を受諾し,連合国軍が日本を占領することになった。台湾にいた日本人も,16万6千人の軍人を含めて50

万人弱いたが,ほぼ全員が1946年までに日本本土に引き揚げることになる。

終戦の事情をもう少し詳しく書くと,ナチス・ドイツが降伏した後,1945年7月17日からベルリン郊外ポツダムにおいて,米国,英国,ソ連の3カ国の首脳(米国大統領ハリー・S・トルーマン,英国首相ウィンストン・チャーチル,ソ連共産党書記長ヨシフ・スターリン)が集まり,半月あまり会談を続けた(ポツダム会談)。主たるテーマは,欧州,特にドイツの戦後処理だった。これによって取り決められたのが「ポツダム協定」(8月2日)である。

また上記3者による協定とは別に,抗戦を続ける日本への対応と戦後処理についても話し合われた。会談途中,チャーチルは本国の事情により急きょ帰国し,また中華民国の代表である蒋介石(1887〜1975)はもともと会談には参加していなかった。「ポツダム宣言」は,この会談の期間中の7月26日,米国,英国,中華民国の3カ国首脳の共同声明として発表された。それは,日本政府に対して全日本国軍の「無条件降伏」等を求めた13条から成る宣言であった。蒋介石とは無線で了承を得てトルーマンが署名している。会談に加わっていたソ連は,日ソ中立条約があったため宣言に加わっていない。しかし8月9日のソ連対日参戦後,ソ連はこの宣言に参加している。

「ポツダム宣言」に対し,8月14日,日本政府は宣言の受諾を中立国経由で連合国側に通告した。また,このことは翌8月15日にラジオで,天皇自身が読み上げる「終戦の詔勅」いわゆる「玉音放送」によって国民に知らされた。この「玉音放送」は台湾にも流れた。9月2日,東京湾内に停泊する米戦艦ミズーリの甲板で政府全権と大本営(日本軍)全権および連合各国代表が,ポツダム宣言の条項の誠実な履行等を定めた降伏文書に調印した。これを受けて即日,連合軍総司令部(GHQ)は指令第一号(陸海軍解体,軍需生産の全面停止等)を発表し,その一般命令第一号Ⅰの(イ)において[21],中国(満州を除く)と台湾および北緯16度以北のインドシナの日本軍に対し,蒋介石総帥への降伏を命じている。この命令を受けて,蒋介石政権は台湾とベトナムを占領することになる[22](ベトナムに関してはベトミンの抵抗により占領を果たせなかった[23])。

しかし実際は，蔣介石の国民党政権はこの命令を待たずに9月1日，中国本土において「台湾省行政長官公署組織大綱」を発布し，「台湾省行政長官公署」や「台湾警備総司令部」など各種行政組織を編成し，陸軍大将の陳儀(ちんぎ)(1883～1950)を台湾省行政長官に任命し，台湾統治のための準備を進めた。「カイロ宣言」に依拠してのことであった。「カイロ宣言」とは，第2次世界大戦中の1943年11月22日に米国大統領フランクリン・ルーズベルト，英国首相ウィンストン・チャーチル，中華民国国民党政府主席の蔣介石によって開かれたカイロ会談を経て，同年12月1日に発表された宣言のことである。連合国軍への日本軍の無条件降伏を目指すということだけでなく，満州・台湾・澎湖諸島の中国への返還なども含まれる[24]。(2011年現在，台湾独立派は，「カイロ宣言」とは，署名もなく，日付もなく，単なる「声明」に過ぎない，台湾は台湾人のものであり，中華民国の台湾領有は不当である，と主張している)

　1945年10月17日，国民党軍一万数千人と官吏たちは米軍の支援の下に船で基隆に上陸し，陸路，台北に向かった。事前工作もあって，一部台湾人から「祖国復帰」と期待されたが，しかしそのわびしい身なり，粗末な装備，隊列もバラバラで戦勝国の軍人とは思えぬ態度を見て，台湾人の間に不安が広がった。

　陳儀行政長官自身はやや遅れた10月24日，米軍機で台北に降り立った。翌日10月25日，台北公会堂(現，中山堂)において，一般命令第一号Ⅰの(イ)の通り「中国戦区台湾省日本軍投降接受」式典が執り行われた。そして陳儀長官は，台湾が再び中国の領土となり，中華民国政府の下に置かれる，との声明をラジオ放送で流した。日本軍の国民党軍への投降だけでなく，台湾人の意思に係わりなく一方的に，台湾の領有権が日本から国民党政権へ変更したとする乱暴な声明であった。これ以降，10月25日は「光復節(こうふくせつ)」という国の祝日となる。

　この日の実際の受け止め方は世代間でかなり異なっていたようである[25]。古い世代の，漢文が理解できる台湾人は「光復」を文字通り，台湾が祖国中国に復帰することと理解した。しかし日本語で育った若い台湾人は，「光復」と同

じ発音の「降伏」と聞き，日本の敗北・投降と理解し，新しい台湾に期待を膨らませた。しかしその日は台湾人にとっては暗黒の時代の始まりであった。

この日から台湾人の国籍は中華民国となり，「本省人」と呼ばれた。そして新たに中国から台湾に渡ってきた中国人は「外省人」と称され，かれらと区別された。

陳儀行政長官以下，外省人は台湾総督府を接収し台湾省行政長官公署とし，その他地方の官庁も含めてあらゆる官庁を接収した。また日本統治時代に膨らんだ敵産（日本企業）の接収も行われた。敵産には，台湾銀行などの銀行，保険会社，日本石油や台湾電力などのエネルギー関連会社，大日本精糖，台湾肥料，台湾鉄工所などあらゆる企業が含まれる。それらはその後，国民党政権のもとで国営や公営企業として支配・運営され，後に示すように，台湾経済の中で大きな比重を占めるようになる。

1947年2月までに接収された件数と金額は，土地を除いても，①公的機関593件，29億3850万円，②民営企業1,295件，71億6360万円，③民間の私有財産48,968件，8億8880万円，計50,856件，109億9090万円と膨大であった[26]。しかしこれら接収に際して，大陸の悪習が持ち込まれ，接収官憲の横暴と汚職がはびこった。この腐敗ぶりは，50年に及ぶ日本統治時代に法治国家の市民に成長していた台湾人にとっては驚嘆すべきものであった。しかも国民党政権は，重要なポストや管理職を外省人で独占した。

この膨大な資産とともに，国民党政権はいとも簡単に政治的および経済的に台湾を掌握したのである。

5. 国民党の強権支配と2・28事件

国民党の独裁体制を政治的に補強したのは，1949年5月20日に始まる「戒厳令」と1948年5月10日に始まる「動員戡乱時期臨時条款」（以下，臨時条款）とである。前者は1987年まで，後者は1991年まで長きに亘って続いた。戦後台湾経済の発展プロセスを辿ろうとする場合，やや複雑であるが，どうし

てもこれについて述べておく必要がある。

　まず「厳戒令」について述べよう。これについては2・28事件という台湾本省人にとっては最悪の出来事と係わっている[27]。発端はささいなイザコザであった。1947年2月27日の夕刻，台北市でヤミ煙草を密売していた寡婦が数名の煙草専売公社の取締官と警察官にとがめられ，密売煙草だけでなく，所持金まで取り上げられた。現金の返却を懇願したところ，銃の柄で頭を殴られた。周りで見ていた人々が憤慨して官憲を攻め立てた。群衆から逃れるため官憲が銃を発射したが，その銃弾が通行人に命中した（翌日死亡）。群集は警察局を包囲して殺人犯を引き渡すよう要求したが，拒否された。

　翌2月28日，怒った群集が専売局に抗議し，また事件の調査と政治改革の陳情のために行政長官公署前に集まったが，行政長官公署の屋上から憲兵が機関銃で群集を掃射し，数十名が死ぬという大惨事になった。台北市の商店はことごとく閉店し，工場は閉鎖し，学生も抗議に加わり，市内は騒然となった。放送局も市民に占拠され，事件が台湾全土に知らされた。翌3月1日には，都市部だけでなく地方でも騒動が波及した。軍や警察や憲兵隊が出動し発砲もしたが，収拾がつかなかった。外省人の力の方が優っていた地域は，台湾全土において行政長官公署や軍隊の駐屯所など，ほんの一部になった。

　はじめ，計画性もなく組織的でもなかった市民の騒動が，2・28事件処理委員会を設けて，陳儀行政長官と駆け合うようになった。陳儀は処理委員会の要求を受け入れるかのように見せかけて，実は密かに大陸の国民党本部に増援部隊を要請していたのである。要注意人物のリストも作成していた。3月9日，陳儀は基隆と台北に厳戒令を敷き，そこに大陸から軍隊・憲兵1万数千人が上陸し，武器を持たない台湾人を手当たりしだい殺戮しながら，台湾全土を制圧していった。

　殺戮の仕方は残酷そのものであった。機関銃での掃射はもちろん，耳や鼻をそぎ落とし，手のひらに針金を通し，数人まとめて海に投げ捨てる，といったものであった。警備総司令部は特に，民意代表，教授や先生，弁護士，医師，作家，芸術家など知識人を多く狙った。裁判もなく，闇雲に捕らえ，処刑し

た。彼らは日本教育を受けた人たちが多かった。この間，犠牲にあった台湾人の人数は数千から10万人以上とも言われているが，最近の研究者の間では2万人ほどであったといわれている[28]。数もさることながら，各界のリーダーたちが犠牲になったことが，その後の台湾にとって大きな影響があり，指導者の空白が長く続く[29]。

のちに，先の基隆と台北との厳戒令はいったん解除されたが，大陸での国民党軍の形勢悪化にともなって，蒋介石は長男蒋経国（1910～1988），次男蒋緯国（1916～1997）を行政幹部・軍幹部として台湾に派遣し，1949年5月20日に台湾全土に対して，改めて厳戒令を施行することになる。これが1987年まで続いたのである。次に，「臨時条款」に話を移したい。

陳儀に対しては米国の強い非難により，行政長官を免職されるが，しかしその後も逮捕と処刑は続いた。なお，1947年4月22日，中国・南京の国民党政権は行政長官公署を「台湾省政府」に改組する。他方，大陸の方では1947年1月，国民党政権は中国共産党と中立勢力を無視して，「中華民国憲法」を布告，これに基づいて国民大会代表2,961名，立法委員760名，監察院委員180名からなる3つの国会の，第一期の国会議員を選出する。翌年の3月に第1期国民大会が開催され，蒋介石が総統に選出される（この選挙以降ずっと，国民党政権は中国の「正統政府」を主張する）。この総統に選出さる時，蒋介石が要求したのが「臨時条款」である。

「動員戡乱時期臨時条款」は1948年8月10日に施行されたが，動員戡乱時期とは，「反乱勢力」である中国政府すなわち中国共産党を「戡乱」（平定・鎮圧）するまでの国家総動員の時期を意味し，臨時条款とは時限立法を意味する[30]。結果は，臨時条款ではなく，1991年5月まで引き延ばされた。

戦後，国共の内戦が激化し，ソ連と国民党政権との不和もあって国民党政権が劣勢になり，1949年10月1日に中国共産党が中華人民共和国の建国を宣言してからも，さらに同年12月7日，国民党が60万の軍隊とともに[31]台湾という小さな島に拠点を移さざるを得なくなってからも，国民党政権は中華人民共和国を認めず，自分たちこそが唯一の正統政府であり，台湾にありながら，

あたかも全中国を統治しているという矛盾を抱えることになった。これが，「二つの中国」問題の原点である。

臨時条款の存在によって，中国国民党政権は，中国共産党が存在する限りそれは国家に対する「反乱」であるとみなすことによって，総統には憲法に優越する緊急処分権を与え，その一党独裁体制を正当化したのである。国民党政権が台北に首都を移してからも，また蔣介石の後の蔣経国が総統になってからも[32]，この緊急体制が続いた。

この国民党の性格は共産党とほぼ同じで，「レーニン式の政党」を目指し，一党独裁であり，中央集権国家そのものであった。そして国民党の組織は共産党と類似しており，タテとヨコの組織で権力と思想を統制した。タテに関しては，地方行政機関にいたるまで，国民党の統制権・財政権が及んだ。ヨコに関しては，軍隊や各種公営企業にまで党の組織が置かれた。

「中国の政治文化には〈投票箱から政権が生まれる〉という発想はない。毛沢東がいったように〈鉄砲のもとで政権が生まれる〉[33]」というのが中国の政治である。このため米国からしばしば咎められたが，1950年に勃発した朝鮮戦争が，その後の台湾にさいわいした。台湾は冷戦構造下の西側に組み込まれ，米国の庇護を受け，1951年から1965年まで米国から年1億ドルの援助を（これは当時の台湾のGNPの5～10％に当る），1965年からは日本から1億5千万ドルの円借款を受けることができた。このことが台湾経済に寄与した。

なお，国民党の強権体制を支えたものに，教育が果たした役割も大きい。戦後の台湾では徹底的に，蔣介石（とその妻宋美齢(そうびれい)）の偉大さと反共主義が叩き込まれた[34]。

6. 結び─戦後台湾における経済発展と企業経営の諸特徴

一般に，台湾では中小企業のパフォーマンスが大きい（この点では巨大財閥が経済の屋台骨を担っている韓国と大きく異なる）[35]とか，台湾では民主化が進む1990年頃まではファミリービジネス・グループが盛んであったとか，台湾で

は中小企業は大企業と系列を成すよりも諸外国企業と提携することが多いとか，台湾では民間中小企業を中心に輸出指向型の企業が発展をしてきた（これらの点も例えば日本などと大きく異なる）とか言われる。これらはともに間違っていないと考えられるが，なぜそうなのかについては，今まで述べてきたことから初めて説明することができる。

　1945年，陳儀行政長官が台湾に派遣されてから直ちに，元日本の官庁や敵産（日本企業）の接収が始まったことは上述した。その資産は莫大であった。それは戦後の台湾経済にとって看過できない。しかし戦争直後の台湾経済は，それまでの日本との関係を絶って，中国に従属することになる。大陸中国の方は，対日抗戦そして国共内戦によって極端な物資の不足，それゆえ極端なインフレの状態であった。台湾の米や砂糖などの生活物資は中国に向けて運ばれたが，台湾元が不当に低く評価されたこともあって，台湾でも品不足・インフレが深刻になった。1945年から1950年までの間に物価は，なんと1万倍になり，経済は混乱した。1949年，国民党政権は大陸中国との悪い連鎖を断ち切るため，港・河口・海岸線を封鎖した。中・台の貨幣関係も断絶し，4万台湾元を1新台湾元とするデノミネーションを行なった。

　農業政策も，戦後の台湾経済にとっては重要であった。①1948年の「375減租」，②1951年の「公地放領」，③1953年の「実施耕者有其田条例」などがそれである。①は，小作人から地主への小作料を，収穫物の50％から37.5％に引き下げるというものである。②は元日本の公有地・公営企業所有地を年間の収穫物の2.5倍で農民に払い下げるというものである。①，②は多くの台湾農民を自作農にし，人身を懐柔する効果があった。貧農が共産化するのを，国民党政権が恐れたためとも言われている[36]。③は大規模地主には一定の面積だけの農地を認め，それ以上のものは政府が買い上げ，耕作者に払い下げるというものである。買い上げるときに，元日本の公営企業の株式でも支払ったので，地主たちは経済に明るくなり，彼らがのちの中小企業の発展に寄与したと考えられる。

　このように書くと，台湾人にとって良い農業政策であったように思えるが，

実はそうではなかった。農民からの地租は物納であった。それは，結局150万人にも膨れ上がった大陸からの移住者の食糧確保と，インフレの損失を農民に転嫁するためであった。また，市場価格の半額程度で，政府は農民から農作物を買い上げた。さらに，化学肥料（台湾肥料公司という公営企業の独占生産物）と米穀との交換制度があったのだが，肥料を不当に高く設定し，その交換制度はほとんど略奪に近かった。このようなことが，ながらく台湾の重要産業であった糖業（サトウキビ栽培農業）でも行われた。これらに対して地主も一般農民も抵抗らしい抵抗をしなかったのは，2・28事件以来の国民党政権に対する恐怖があったからである。

2・28事件以来の外省人に対する恐怖・不信感から，中小企業の経営者は台湾内の大企業とは系列を作らず，外国資本と提携するか貿易で事業を展開する傾向がある。大企業は外省人の支配下にあったからである。

なお，中国人の金持ちは金融業や不動産業で財をなした人が多いが，台湾では製造業が盛んであると言われることがある[37]。それは，50年間の日本統治時代があったことと，台湾に敵産が残ったためと考えられる。

ここで，戦後台湾の資本形成を，公営企業・政府・民営企業に分けて，図で示しておこう。図4-4が公営企業・政府・民営企業別の資本形成の金額を示しており，図4-5が資本形成における公営企業・政府・民営企業の割合を示している。図4-4では，1970年頃から急速に資本が形成されてきたことが分かる。図4-5では，戦後から1980年ぐらいまでは，特に公営企業と政府との合計の比率が高く，50％ぐらいを前後しているが，政治的には特に1990年頃から民主化が進んだが，その頃から急速に民営企業の資本形成が進んだがことが分かる。

図4-5で見たとおり，戦後から1980年ごろまでは，資本形成において公営企業と政府との合計の比率が異常に高いのは，第1節で述べたように，日本植民地統治時代の莫大な資産を国民党政府が接収し，公営企業として支配・運営し，また政府機関として使用したからである。公的な金融機関（銀行を中心として），独占的な公益事業（電信・水道・電気など），基幹製造業（特に装置産業）

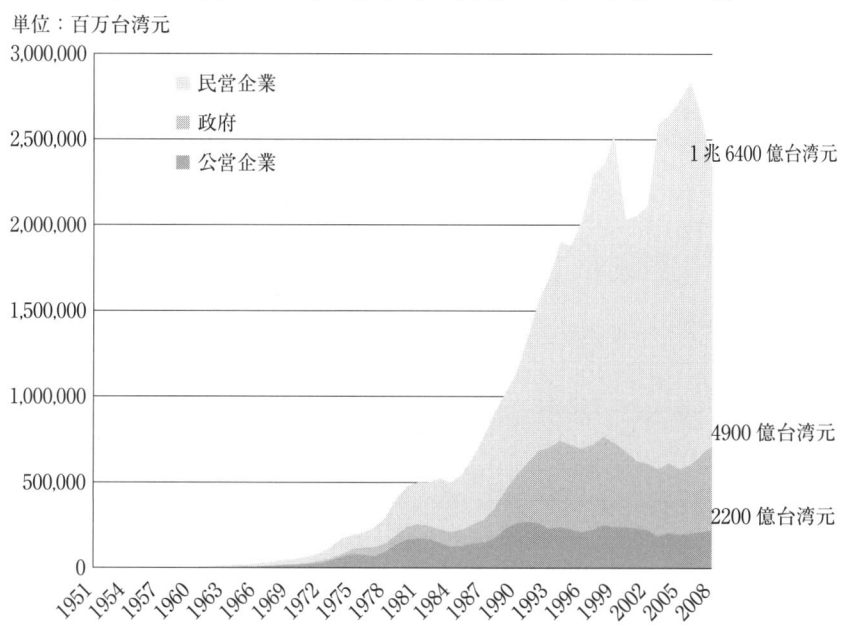

図 4-4　台湾における資本形成（公営企業・政府・民間企業の額）
単位：百万台湾元

1兆6400億台湾元
4900億台湾元
2200億台湾元

出所：http://ebas1.ebas.gov.tw/pxweb/Dialog/varval.asp?ma=NA0401A1A
&t（中華民国統計資訊網・2011年2月アクセス）より筆者作成

などがその代表的なものであった。

しかし 1980 年代に入ると，グローバリゼーションが急速に進み，意思決定の迅速化が必要になってきた。しかるに，基幹製造業のうち，特に機械，金属産業などでは赤字が続き，公営事業の経営の非効率の問題が浮上した。また，台湾プラスチックの王永慶会長（「台湾の松下幸之助」と言われたりする）が公営の中国石油の経営に異議を唱えるということもあった。さらに 1978 年，中国が改革開放路線に舵を切るということまであった。台湾がこれに影響されないはずはない。政治的には，1988 年に蔣介石の長男の総統蔣経国が死去し，台湾生まれの李登輝が総統に昇格した。1987 年には厳戒令が解除されていた。いきおい，経済においても民主化が進んだのである。

1989 年 7 月，行政院公営事業民営化推進チームは，大々的な公営事業民営

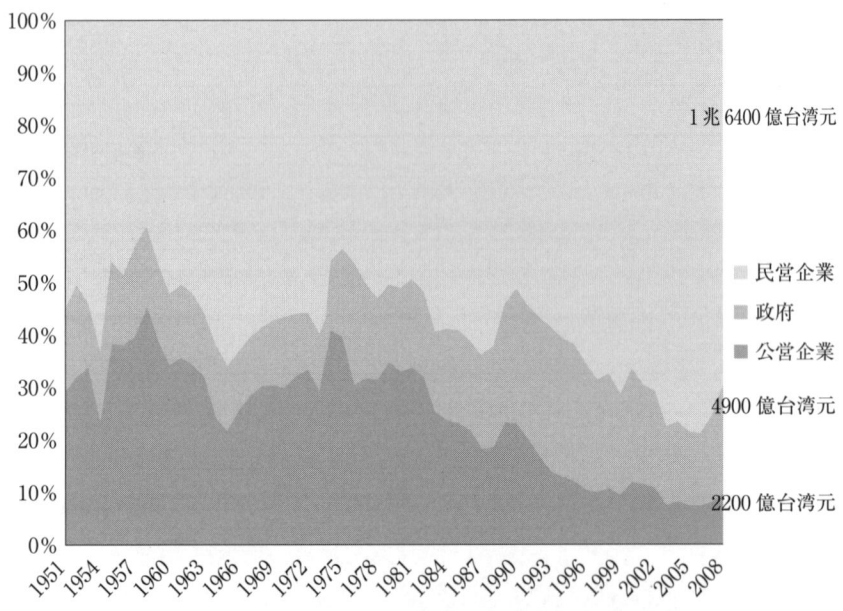

図 4-5　台湾における資本構成（公営企業・政府・民間企業の割合）

出所：http://ebas1.ebas.gov.tw/pxweb/Dialog/varval.asp?ma=NA0401AIA &t（中華民国統計資訊網・2011 年 2 月アクセス）より筆者作成

化を実施した。①銀行（金融業），②独占型公益事業（製糖，肥料，石油，電力といった国営事業があるが，設立過程・主管機関・形態など様々である），③寡占型基幹製造業などがそれである[38]。なぜ，公営事業は非効率になるのか。その理由は，たとえば次のとおりである。すなわち政府所属機関から配属される公営事業の政府保有株主代表は，配属元の所属機関から給料の支給を受けており，その額は派遣先の事業の業績とは連動しない。したがって，長期的に利益を最大化するモチベーションが低いのである。また，すでに民営化された事業については，予算などで立法院の審議を受ける必要がないために，経営の監視機能（ガバナンス）が空白になる可能性があるためである。これらの点は今後，どのように改善されていくのであろうか。

註

1) 国交省編『平成18年度版観光白書』(国立印刷局・2006年) 各頁。
2) http://www.mofa.go.jp/mofaj/area/taiwan/data.html (2009年1月アクセス)
3) 酒井亨『台湾入門』(日中出版・増補改訂版2006年) 25頁。
4) 戴國煇『台湾—人間・歴史・心性』(岩波書店・1988年) 13頁。
5) 酒井亨,前掲書,27頁,117頁。
   周婉窈著濱島敦俊監訳石川豪・中西美貴訳『図説台湾の歴史』(平凡社・2007年) 45頁
6) 戴國煇,前掲書,7頁。
7) 伊藤潔『台湾—四百年の歴史と展望』(中央公論社・1993年) 7頁。
8) 酒井亨,前掲書,29頁。
9) 普通,台湾の歴史は,オランダ時代→鄭政権時代→清朝時代→日本植民地統治時代→国民党政権時代と並べられるが,実際は複雑である。たとえば,オランダが勢力下においたのは台湾南部と南東部のみであって,中部・北部には影響がほとんどなかった。しかも当時,台湾にはまだ漢民族は少なく,ほとんど先住民しかいなかった。したがって戦後,漢民族である国民党の政権にとってはオランダ時代というのはあまり関係がなかったというべきである。さらに現在,中華人民共和国と台湾との関係が確定していないということもある。地理的条件と台湾を国家としてどう捉えるかという2重の問題が立ちはだかっている。
   なお,台湾の歴史はいつ書かれたかによっても大きく変わりうるが,現在においても,誰によって書かれたか,すなわち外省人か,内省人か,あるいは日本人かによってもかなり内容が異なることがあるということを付記しておきたい。
10) 酒井亨,前掲書,121頁。
11) 伊藤潔,前掲書,17頁。
12) 伊藤潔,前掲書,34頁。
13) 酒井亨,前掲書,124頁。

14) 伊藤潔，前掲書，40頁。
15) 酒井亨，前掲書，125頁。
16) 伊藤潔，前掲書，47頁。
17) 酒井亨，前掲書，126頁。
18) 酒井亨，前掲書，131頁。
19) 酒井亨，前掲書，134頁。
20) 2008年に台湾を訪れたとき，鐘維鎬氏（71歳，本籍は台湾南部屏東）は日本の教育がその後の台湾の発展に大きな影響を持ったことをしきりに語っていた。多くの台湾人がそう思っているようである。
21) http://www.bun.kyoto-u.ac.jp/~knagai/GHQFILM/DOCUMENTS/surrender.html（京都大学大学院文学研究科・文学部のページ，2011年アクセス）。
22) 伊藤潔，前掲書，139頁。
23) 酒井亨，前掲書，141頁。
　　なお，戦後冷戦構造が始まり事態が複雑になるが，連合国と日本との間の戦争が国際法上終結するのは，1951年9月に調印されたサンフランシスコ講和条約においてである。
　　　　吉田裕『アジア・太平洋戦争　日本近現代史⑥』（岩波書店・2007年）221頁以下。
24) 吉田裕，前掲書，204頁。
25) 周婉窈，前掲書，159頁。
26) 伊藤潔，前掲書，141頁。
27) 台湾の歴史に触れる書物には，必ず2・28事件に関する記述がある。
　　　　周婉窈，前掲書，176頁以下。
　　　　伊藤潔，前掲書，149頁以下。
　　　　戴國煇，前掲書，100頁以下。
28) 周婉窈，前掲書，182頁。
29) 司馬遼太郎『台湾紀行　街道をゆく40』（朝日新聞社・1997年）25頁以下。
　　　　酒井亨，前掲書，147頁。

司馬は本を書くとき，かなりの量の資料を通読し，またインタビューもすることでよく知られているが，2・28事件の全責任を陳儀ひとりに押し付けているふしがある。しかしそうであろうか。これほどたくさんの台湾人を，一長官が殺戮できるものであろうか。司馬のこの本は，初め，1993年から「週刊朝日」に連載されたものである。1993年といえば，蒋介石の長子経国が死亡した1988年からまださほど間がない。また「動員戡乱時期臨時条款」が解除になったのは1991年である。台湾の人々が，まだ蒋介石を批判することが憚られていたのかも知れない。

30) 伊藤潔，前掲書，169頁。
31) 司馬遼太郎，前掲書，44頁。
32) これによって，「蒋家王朝」が実現したといえる。
　　司馬遼太郎，前掲書，262頁。
33) 伊藤潔，前掲書，177頁。
34) 周婉窈，前掲書，193頁以下。
35) 金甲秀「台湾と韓国におけるイノベーション・モデルのアーキテクチャー」，永野周志編『台湾における技術革新の構造』（九州大学出版会・2002年）186頁。
　　なお，中小企業に関しては，各国に法律があり，それぞれ若干定義が異なる。例えば2011年現在，製造業では，日本は資本金3億円以下・従業員300人以下，韓国は80億ウォン以下・従業員300人以下，台湾は6000万台湾元以下・200人以下となっていて，単純な比較は困難である。しかし従業員数で比較すると，中小企業の割合は，日本62.6％，韓国55.3％，そして台湾は75.9％となっていて，台湾は中小企業の割合が大きい。残りは大企業である。（各国中小企業庁のホームページより）
36) 周婉窈，前掲書，193頁。
37) 司馬遼太郎，前掲書，105頁。
38) 北波道子「台湾における公営事業の民営化—経済部所属国営事業を中心に」，佐藤幸人編『台湾の企業と産業』（アジア経済研究所・2008年）171頁。

第5章
東アジアと技術革新

はじめに

　アジア経済の分析では歴史や政治体制や社会構造が捨象されて分析されることが多い。このような純粋な経済分析は確かに客観的な分析や政策提言にとって効果が大きい場合もある。しかし本書のこれまでの諸章では，東アジアの諸地域の歴史や統治構造や社会構造などと経済発展との関係について述べてきた。そこでは経済発展（あるいはその停滞性）の現状に至るまでの因果関連の分析が大きな目的の一つであった。これら東アジアの過去の諸条件の一部は現在でも尾を引いていると考えられる。（第1章では，東アジアと比較するという意味で西欧の分析も付け加えた。さらに本章では，東アジア以外のアジアの国にも若干言及している）

　しかし第2次世界大戦後，とくに韓国や台湾では1970年代以降，中国では1990年代以降，この地域では目に見えて急速な経済発展を遂げ，現在，東アジアあるいはアジアは「世界の工場」であるとまで言われている。この発展経路は今まで，日本が先頭を飛び，韓国，台湾，香港などNIEsが続き，さらにその次にASEAN諸国，中国，インドが続くという「雁行型経済発展」として論じられてきた。この理論は実証によって検証もされているすぐれたものである。

　この雁行型経済発展も，1980年代後半以降の急速なグローバル化のもとで，アジア経済の発展モデルが変化しつつある。インドや中国において，電機，機械・輸送機械などの分野で必ずしもNIEsに続く必要がなくなり，いわば「混在型発展段階」といった様相を呈している。アジアが世界の工場であるという

なら，この様相にはアジア各国の政策意図や技術革新が重要となるはずである。そこで本章では東アジアの技術革新を中心に述べたい。

第1節では，イノベーションの意味とその契機について考える。第2節では，世界の趨勢から取り残されるアジアに注意を促したい。第3節では，おもに『科学技術白書』に拠りながら，研究開発の趨勢と現状を簡単に国際比較した。

1. イノベーションと産官学協同

日本は1990年代初頭以来，長期の経済低迷におちいり，雇用環境は一向に回復しない。デフレスパイラルの中，経済政策の雄であったケインズの有効需要政策も「有効」な政策とはなりえず，政府の構造改革も遅々として進まない，あるいはその効果が発揮されていない。このような状況のもと，われわれは，シュンペーター（Schumpeter, Joseph Alois, 1883-1950）が1912年に『経済発展の理論[1]』の中で明らかにした，動態経済の基礎としてのイノベーション（新結合の遂行）に注目するようになった。1999年のことである。丁度その時，大学が新結合・新機軸の「宝の山」であり，これと産業界や企業との結びつきの強化が今日の日本の経済のブレークスルーになる可能性が大であると期待されていたにもかかわらず，一橋大学中谷巌教授がソニー株式会社の社外取締役に就任することが人事院によって拒否されるという象徴的な出来事があった。「産学連携」という場合の「学」のほうはとかく自然科学系の教員が当事者となるが，この場合は社会科学系（経済学）の教員が当事者であった。

事の経緯はこうである。1999年3月29日，突如新聞紙上で，一橋大学の中谷教授がソニーの社外取締役に就任すると報道された[2]。ソニーは商法（現在は会社法）上の取締役の定員を原則，社内7名，社外3名の計10名としているが，その社外取締役は，1998年ゴールドマン・サックス証券会社の石原秀夫氏が死去し，1名欠員となり，中谷教授が選出されたのである。中谷教授も世界的な企業のトップ・マネジメントでの意思決定とはいかなるものかに関心

を持っていたのである。

　中谷教授は，1965年一橋大学経済学部を卒業後，日産自動車に入社，その後，米国のハーバード大学大学院に留学，同大学講師などを務めた後，大阪大学教授を経て1991年から一橋大学商学部教授に就任していた。小渕恵三元首相の諮問機関「経済戦略会議」の議長代理を務めるなど政財界においても著名な人物であった。

　確かに人事院の指摘の通り，従前より日本では，国立の大学教員に対しては「国家公務員法」第101条・第104条によって，兼業禁止の規定がある。兼職は可能であっても兼業は禁止であった[3]。公立大学の教員も「地方公務員法」によって，同様に兼業は禁止である。私立の大学の教員は，国家公務員や地方公務員ではないから，それらの法に縛られることはないが，事実上は，それらに準じる形で運用されている場合が多かった。

　この中谷教授の報告に対して，文部省（2001年4月省庁改編により，現在は文部科学省）は当初，中谷教授の行動を支持していたが，結局，十分な説明がないまま法律をたてに反対していた人事院の結論に寄り添ってしまった。そこで中谷教授は，公務員といっても大蔵省の役人もいれば大学教員もいるし自衛隊員もいる，それらを一括りに兼業禁止を命ずるのは時代に合わない，人事院や文部省は，兼業がどういう場合によくてどういう場合が悪いのか，具体的な基準を示し説明する義務があると言い残して，同年6月一橋大学を去った[4]。

　中谷教授は，直ちにソニー取締役（2005年6月まで），1999年9月に私立多摩大学教授，2001年9月には同大学学長（2008年3月まで），2000年4月三和総合研究所理事長（現三菱UFJリサーチ＆コンサルティング株式会社，現在にいたる）にそれぞれ就任し，2010年私塾「不識塾」を開校する。

　1999年以後は，文部省も2000年4月には国立大学教員に対して，学内の技術や特許を事業化する企業に限って兼業を認めることとなり，さらに2002年3月には，

①大学の役職と就職先企業との間で物品購入などの利害関係がない，

②公務の遂行に支障がない，

③学長の認可

を条件に，経済系や法律系の大学教員にも兼業の門戸を広げた。兼業報酬についても，教員が企業から株式や新株予約権で報酬を受け取ってもよいことになった[5]。さらに2004年4月から，国立大学は法人化し，文部科学省が設置する国の機関から国立大学法人へと生まれ変わった。公立大学も同様に，法人化していった。

米国などでも一時期，大学が政治に巻き込まれないために，連邦政府や州政府と距離を置いていた時期もあったが，日本では中谷教授の事例に象徴されるように，大学はそれまで政官界からも産業界からもあまりに距離を置きすぎ，象牙の塔に閉じこもりすぎていた。産官学の関係を見直す時期に来ていると言える[6]。後で詳しく論じるが，特に，経済成長に寄与する技術革新の割合が大きい日本では，大学が関連するイノベーションが大いに望まれているのである。2011年現在では，文部科学省所管の独立行政法人科学技術振興機構が「産学官連携データブック」を毎年発行するなどして，産学連携を支援するまでになっている。

ところで，イノベーション（innovation）という言葉から，われわれは経済学者シュンペーターを思い起こす。一時期，イノベーションは「技術革新」と訳されていたことがあったが，シュンペーターのイノベーションの定義はもっと広いものであった。

経済学では，産出量の水準に変化がなく，生産・交換・消費などが常に同じ規模で循環している状態を静態，それらが変化する状態を動態と呼ぶ。シュンペーターは『経済発展の理論』において経済動態の理論を目指したのであるが，その場合に重視したのは，自然の災害や戦争のような外的な影響よりも，企業家（アントレプレナー）のイノベーション（新結合の遂行）であった。それを彼は，次の5つに分けている。すなわち，

①新しい財貨，あるいは新しい品質の財貨の生産，

②新しい生産方法の導入，

③新しい販路の開拓，

④原料あるいは半製品の新しい供給源の獲得,

⑤新しい組織の実現（たとえばトラストの形成や独占の打破）

である。

　このように，イノベーションをシュンペーター流に広義に捉える考え方は，欧米では通説である。たとえば OECD 諸国や EU 各国で実施されているイノベーション活動に関する調査においては，イノベーションを次の要件を満たすものとして共通に定義されており，国際比較が可能なデータの収集が行われている[7]。すなわち,

①「市場に導入された新しいまたはかなり改善されたプロダクト，または新しいあるいはかなり改善されたプロセスの自社内での導入」,

②「新しい技術開発，既存技術の新しい組み合わせ，あるいは自社によって獲得された他の知識の利用の結果に基づく」もの,

である。

　例えば携帯電話が，電子メール機能やウェブ閲覧機能を付加することにより，利便性が著しく向上し，普及率を一挙に向上させた。今ではデジカメ機能や動画配信機能も付加され，さらにパソコンの機能も備わり，その魅力が一層高まった。このことは一企業だけではなく，経済社会に大きな変化をもたらした。

　また，イノベーションが「新しい組織」あるいは「改善されたプロセスの自社内での導入」による場合の例として，キヤノンを挙げておこう。キヤノン株式会社の御手洗冨士夫社長（当時）は，利益が上がらず，株価が低迷していた会社においていろいろな改革を行ったが，その中の1つ，キャッシュフロー経営を1995年に導入することによって直ちに大きな利益が出るようになったと述べている[8]。

　キャッシュフローは現金収支ともいい，米国ではキャッシュフロー経営は一般化していた。通常，メーカーは資金をかけて，研究開発→設備投資→生産→販売し，資金を回収するが，その期間が長い。したがって資金を借り入れでまかなうと，事業が失敗したとき，大きな痛手となる。企業にはいつも一定の資

金が必要なわけである。

　企業の経営状態は通常，損益計算書で見ていたが，そこでは設備投資をしても使った資金の一部しか計上しないなど，実際の手元の資金の流れを見るには限度があった。そこで，キャッシュフロー会計が注目されることになる。企業が自由に使えるキャッシュフローは，大雑把には，

　①将来の投資に備えて積み立てる減価償却費，

　②配当後の純利益，

　③過大な資産の圧縮（売却）

である。このキャッシュフローの範囲内で研究開発・設備投資をしていれば借金経営にはならない。1995年のキヤノンの年間設備投資額1300億円，減価償却額800億円だから，純利益が500億円を目標にすれば（したがって経常利益1000億円程度，税金を5割と見る），借金のない経営となる。そこで，パソコン事業と液晶ディスプレー事業という不採算事業から撤退するという決断が誰の目にも合理的だと映る。事実，これの実行により1996年には直ちに経常利益1000億円が達成された。損益計算書を基本に企業経営を判断するのではなく，キャッシュフロー経営の考え方を導入することは，今日の日本では多くの先進的な企業で行われている。御手洗氏はこのことだけでなく，縦割り組織の改善などにも取り組んだ。

　このように，われわれはイノベーションをシュンペーター流に幅広くとらえ，単に技術革新のみでなく，生産管理や経営管理のプロセスの改善をも含むものと定義する。そしてこのイノベーションが一企業に大きな変化をもたらすだけでなく，その国の産業構造の変化をひきおこし，一国全体の経済に寄与しうるのである。

2. 東アジアと世界経済のブロック化

　われわれがこの研究を開始した1999年はまた，1月にヨーロッパにおいて単一通貨ユーロ（Euro）が誕生したばかりであった。これは17世紀のウェス

トファリア体制以来のヨーロッパ統合の動きの一環である。この事により，世界経済地図は大きく変わり，日本にとっても注目すべき出来事であった。他方，アメリカ合衆国のGDP（国内総生産）は世界のGDPの合計額（1999年で30兆2218億ドル）のうち，実に30.3％を占めている。そこでわれわれはごく自然に，日本を含むアジアに注目したのである。世界の2極化ないし3極化の流れである。

まず表5-1を示しておきたい。これは，世界を国・地域に分けて，GDP（国内総生産）と1人あたりGNI（国民総所得）とを示したものである。1999年と2009年との数値を示した。1999年では，日本は全世界のGDPのうち14.1％であったが，米国は単独で，つまり北米からカナダの分を差し引いても30.3％になり，またヨーロッパでは，ドイツは7.0％，イギリスは4.8％に過ぎないが，EU（The European Union，欧州連合）となるといっきに28.1％に膨れ上がる。2009年では，日本と米国のウエイトが低下している。逆にアジアのウエイトは上昇している。

次に表5-2である。ここでは，アジアでは，後に論ずる中国・韓国は統計が比較しにくいので日本で代表させた。そしてEU・日本・米国を世界の3極として，人口・GDP・面積・世界貿易に占める割合を比較した。また，イノベーションは，基礎研究→応用研究→開発研究→製品化→市場化という過程の中で引き起こされると考えられるが，いずれにしても研究が重要と考え，研究費・研究者数を比較しておいた。さらに，研究の成果という面で，特許出願件数・特許登録件数を比較しておいた。いずれも高ければ高いほど，研究活動が活発と考えられる。

研究費，研究者，特許とも数値が高い方が研究活動は活発と述べたが，一般的にはそうであるが，若干の留保が必要である。研究費，研究者については後述するが，特許については，たとえば『科学技術白書』では平成17年を境に，それ以前と以降とでは算定の基準が異なり，比較できなくなっているので，ここでは直接「特許庁」のデータを使った。また，国内だけでなく，国際的な特許申請・登録となると複雑であり，簡単な比較はできない。さらに，例えばテ

表 5-1　世界の GDP および 1 人当り GNI（1999 年・2009 年）

国・地域	世界の GDP における構成比 (%)		1 人当り GNI（ドル）	
	1999 年	2009 年	1999 年	2009 年
日本	14.1	8.7	32,030	39,530
中国	3.3	8.6	780	3,769
韓国	0.2	1.4	11,777	17,225
台湾	0.1	0.7	13,535	16,465
世界				
米国	30.3	24.3	31,991	44,872
カナダ	2.1	2.3	20,140	39,795
EU	(15 国) 28.1	(27 国) 28.2	—	—
（独）	(7.0)	(5.7)	25,620	40,528
（仏）	(4.7)	(4.6)	24,170	41,226
（英）	(4.8)	(3.7)	23,590	35,239
（伊）	(3.9)	(3.7)	20,175	35,289
アジア（含む：日本）	23.2	29.4	—	—
（NIES）	(3.1)	(2.8)	—	—
（中国）	(3.3)	(8.6)	780	3,760
中南米	6.6	6.3	—	—
SIS 諸国	1.7	—	—	—
中東欧	1.3	—	—	—
その他	6.7	—	—	—
世界 (10 億ドル)	100 30221.8	100 58068.6	5,020	8,457

（注）GDP および GNI は名目値
（出所）内閣府「海外経済指標」（各年），
　　　　総務省統計研修所編『世界の統計』の数値（各年版），
　　　　http://www.mofa.go.jp/mofaj/area/ecodata/index.html（外務省 HP），より筆者作成

表 5-2 世界の 3 極の比較

区分	EU (15→27 カ国)		日本		米国	
	2000 年→2007 年		2000 年→2007 年		2000 年→2007 年	
人口	3.8 億人	4.9 億人	1.3 億人	1.3 億人	2.8 億人	3.2 億人
GDP	969 兆円	1,487 兆円 (2009 年)	513 兆円	471 兆円 (2009 年)	1,064 兆円	1,129 兆円 (2009 年)
面積 (千 km^2)	2,495	4,234	378	378	9,373	9,629
世界貿易に占める割合 (除:EU 域内)	15.2%	―	8.1%	―	20.3%	―
研究費	20.6 兆円	32.5 兆円	16.3 兆円	18.8 兆円	41.5 兆円	44.3 兆円
研究者	96.6 万人	134.2 万人	74.0 万人	88.3 万人	129.0 万人	138.8 万人
特許出願件数	10.0 万件	14.1 万件	43.7 万件	39.4 万件	29.6 万件	45.6 万件
特許登録数	2.6 万件	5.5 万件	18.6 万件	16.5 万件	15.7 万件	15.7 万件

(注) 研究費は OECD 購買力平価換算
(出所) 文部科学省 (編)『科学技術白書』(各年版),
　　　 文部科学省科学技術政策研究所 (編)『統計集』(2010 年),
　　　 http://jpn.cen.eu.int/ (のち http://deljpn.ec.europa.eu/ に変更, 駐日欧州連合代表部 HP),
　　　 特許出願・登録に関しては, 特許庁のホームページ (2011 年 8 月アクセス), より筆者集計

レビの液晶技術などは, 技術的にも産業的にも重要な影響をもつが, 日本でシェアの最も大きいシャープなどではわざと特許を取らずにブラックボックスにしてあるという。TOTO もそうである。したがって単純な比較は禁物である。

なお, 本書で扱った中国, 韓国, 台湾の 2000 年から 2007 年の研究費, 研究者数, 特許出願数は著しい伸びを示しており, それぞれ, 中国 0.4 兆円→10.8 兆円, 70.0 万人→122.3 万人, 2.6 万件→16.0 万件, 韓国 0.3 兆円→0.4 兆円 (2006 年), 10.8 万人→22.2 万人, 8.6 万件→17.5 万件, 台湾 0.6 兆円→0.9 兆円, 5.5 万人→10.3 万人, 特許出願件数不明, といった具合である。(台湾のデータに関しては, 台湾政府のホームページ http://eng.stat.gov.tw/ などによる)

経済活動が何となく，2極ないし3極にブロック化されつつあることを示したが，このうち，北米の経済統合については理解しやすいので，EUについてみておこう。EU（欧州連合）の考え方は17世紀，ヨーロッパで主権国家が形成されるころからウェストファリア体制として存在するが，第2次世界大戦後はそれが加速度的に進展していった。2003年では15カ国が加盟していたが，2007年以来，27か国に拡大している。これによって，欧州は安定と安全がもたらされ，GDPも増加し，世界における割合も28%となる[9]。また国境を越えるような犯罪や汚染問題などのグローバルな問題に，より効果的に取り組むことができるとされている。

EUは現在，3つの柱に支えられている。それは，

①単一市場・単一通貨を含めたヨーロッパ共同体
②共通した外交防衛政策（CFSP）
③法務および国内問題（JHA）における協力

第2次世界大戦後のみであるが，EUがここにいたるまでの歴史に簡単に触れておこう[10]。

1946年　ウィンストン・チャーチル，チューリヒでヨーロッパ合衆国構想を提唱。

1951年　西独・ベルギー・フランス・イタリア・ルクセンブルグ・オランダの6カ国で，石炭・鉄鉱石・くず鉄などに関してECSC設立条約（「パリ条約」）調印。

1955年　ECSC外相会議で，欧州経済共同体（EEC）創設を決定（「メッシーナ宣言」）。

1958年　EEC成立（同時にEAEC = Euratom〔欧州原子力共同体〕成立）。

1967年　EECが，EC（欧州共同体）へと発展的に解消。

1973年　英国，アイルランド，デンマークが加盟し，ECは9カ国に。

1977年　加盟9カ国の関税撤廃。

1981年　ギリシアが10番目の加盟国に。

1986 年　スペインとポルトガルが加盟。
1993 年　欧州連合条約（「マーストリヒト条約」）発効により，欧州連合（The European Union = EU）に発展。
1994 年　オーストリア，フィンランド，スウェーデンが EU に加盟，15 カ国に。
1999 年　「アムステルダム条約」発効，ユーロが EU 加盟国の正式通貨となる。
2002 年 1 月 1 日，ユーロ（Euro）紙幣・硬貨の流通開始。
(http://jpn.cen.eu.int/ 〔2002 年アクセス〕より作成)

　自国の通貨を放棄し，金融政策を共通の中央銀行にゆだねることによって，ユーロは確実に世界の経済・政治秩序や産業・金融構造を変化させる。いやそれ以前に，EU は通貨統合参加国に厳しいハードルを課し，各国は経済の体質強化に取り組んだ。EU15 カ国の財政赤字の GDP 比は 2 年で半減し，2.3％（1997 年）になった。また企業も，事業再編などで競争力を強化したのである。EC 域内のコストや価格の透明性が高まり，競争力をつけるためのリストラ（事業の再構築）に励んでいる。例えばドイツのフォルクスワーゲンは，車種の 1 つ「ポロ」をドイツでもスペインでも組み立てていたが，労働コストの点から，すべてスペインの工場に移すことになった。為替リスクが無くなることも，このことを後押ししている[11]。もちろんドイツ国内における失業問題が危惧されてはいるが，このようにして，ユーロ運営がうまくいけば，取引通貨・準備通貨・投資通貨としてのユーロの国際的役割は高まる。巨大機関投資家は欧州通貨建ての資産を積み上げ，諸外国は外貨準備としてユーロの割合を高める。こうして，第 2 次世界大戦以来のドルの覇権は崩れつつある。
　このことはアジア諸国にとっても，アジア通貨危機の一因である過度のドル依存体質から脱することができることを意味している。このような時に日本は，バーグステン米国際経済研究所長の言う，ドル・ユーロ体制における「ジュニア・パートナー[12]」のままでよいのかという疑問が確かに残る。

かといって，EUや北米経済圏に比べられるような統合されたアジアが可能かどうかは分からない。ASEAN（東南アジア諸国連合，1967年フィリピン・シンガポール・タイ・インドネシア・マレーシアの5カ国で発足，のち，ブルネイ（1984）・ベトナム（1995）・ラオス（1997）・ミャンマー（1997）・カンボジア（1999）が加盟）やNIEs（韓国・台湾・香港・シンガポールの4カ国）のような部分的な結びつきはあるが，しかし，アメリカが含まれるのか，オーストラリアやニュージーランドはどうかなど，今のところ雑然とした感がある。わが国では2011年時点，2006年発足のTPP（環太平洋戦略的経済連携協定）への参加が政治的判断として取沙汰されている。

アジアは，2011年現在，47カ国2地域ある[13]。これらはヨーロッパではないということである。ヨーロッパから区別されたアジアである。共通点は，白色人種ともいえないし，黒人でもないということぐらいである。それ以外は，言語・文化・習慣・食事・通貨・政治体制など，本当に雑多である。イスラエル人やイラク人はどう見ても日本人とは異質だし，地理的距離もある。フィリピンやミャンマーはまだ距離は近いが，どうも日本とは似通っていない。したがってわれわれは，岡倉天心（1862-1913）がいったように"Asia is one[14]"（アジアは1つ）であるとは思っていない。

彼の美術史的思想史的考察『東洋の理想』は，明治37（1904）年に英文で書かれ，英国から出版された。諸外国でもずいぶん反響があったし，今読んでみても，当時の日本に，すでにこんな秀才がいたのかと驚かされる。当時，アジア各地が欧米の植民地になっていくのを見て書いた面が大きいと思われる。かくて彼はアジア主義思想の父となった。これ以降，少なくとも日本人は，何となく「アジアは1つ」と考えた。しかし残念なことに，この考えが第2次世界大戦の「大東亜共栄圏」の流れに結びついてしまったわけである。

アジアは1つではないが，すでに21世紀においては，前述のように，第2次世界大戦の頃とは状況が異なる。今後のアジア像を作っていかなければならないであろう。国際社会において，日本に何ができるのか，どうプレゼンテーションするのか。困難な問題と思われる。地理的制約や研究能力の制約もあ

り，われわれは東アジアにのみ目を向けた．東アジアでも，今回の研究では，中華人民共和国・大韓民国・台湾・日本に限定して，さまざまな調査を行った．東南アジアのタイ王国やベトナム社会主義共和国やフィリピンやシンガポール共和国やインドネシアなどが欠けているし，南アジアのインドやスリランカなども今後の課題と考えている．

　これら，われわれが注目した国々の簡単なプロフィールを示しておきたい．特に産官学協同のうちの学の，研究以前の教育の制度や仕組みに触れておきたい．なお，アメリカ合衆国のそれも，産官学協同の先進国として付け加えたい．まず図5-1 において，アジアの主要国の近年の経済成長率を示しておこう．一目で各国が高い成長率を誇っていることが分かる．

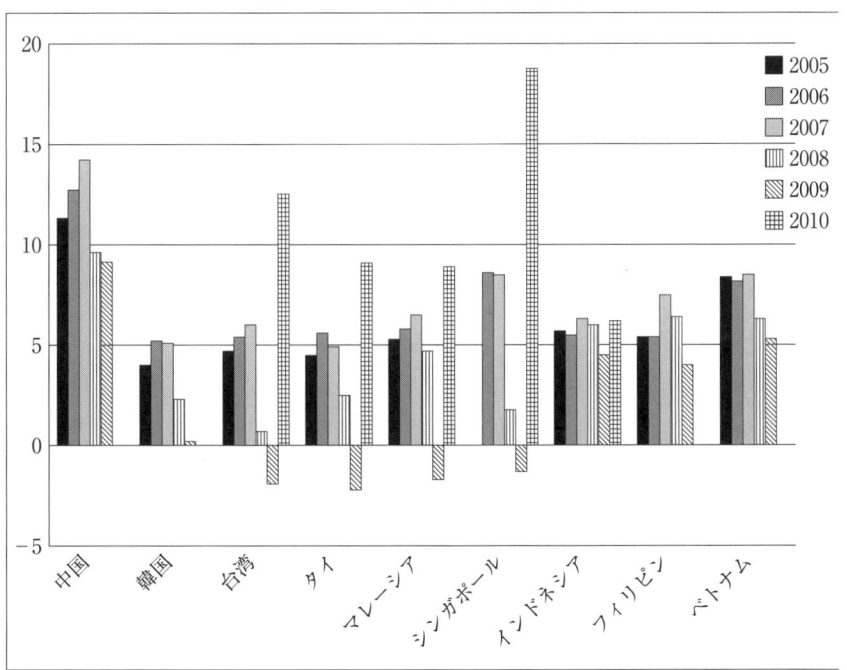

図5-1　アジア諸国の経済成長率

(出所) IDE-JETRO 日本貿易振興機構・アジア経済研究所 HP (2011年8月アクセス) より筆者作成

次に，簡単に各国の教育制度や実態について触れておこう。

中国 1980年代後半から教育の権限を地方や学校現場に移す改革が始まった。義務教育は，小学校6年，初級中学3年の9年制である[15]。義務教育法は1986年に成立した。中国全体の非識字率は15％（1999年）から9.5％（2008年）に減少している。内陸の農村部では義務教育が行われていない地域もある。ラジオ・テレビ大学や通信夜間などを含む高等教育在学率（17-21歳）は15％（1999年）から22％（2008年）に高まっている。高等教育機関を核とする産官学連携，大学の自主権拡大の方針が決められたのは1993年，中国共産党と国務院が発表した「中国教育改革と発展綱要」においてである。「科教興国」（科学技術と教育で国を発展させる）というよく使われる言葉もこの時できた[16]。

パソコン市場では，現在ではIBMなどではなく，中国製品が圧倒的に多い。そのうち公的研究機関の中国科学院が設立し運営している「聯想集団」，北京大学の校弁（校営）企業の「北大方正」の2つが大きなシェアを持つ。利益の一部は，ともに大学に還流する。

韓国 元文教部高等教育局長李大淳によれば[17]現在，韓国も日本と同様の高等教育政策が行われている。2001年，日本の文部科学省は，(1) 国立大学の再編・統合，(2) 国立大学の独立法人化，(3) 第3者評価などによる競争原理導入（トップ30，後にC・O・E21に改称）（遠山プラン）を発表した。(2) 以外，韓国でも同様の大学改革がすすめられている。

韓国には2年制の短期大学も含めて352の大学がある（2002年）。国立が50校，公立が11校，私立が291校あり，私立のウエイトが82.7％と高い。学生数も私立が72.6％である。そして，高等教育就学率は1995年に既に50％以上，2001年には83.7％，2008年には97％という非常に高い水準に達している[18]。しかし2011年度版『世界の統計』によれば，高等教育の在学者，男115.3％，女79.2％とあるので，日本とは算定基準が異なるようである。

これが18歳人口の減少により，大学の危機に直面している。韓国では既に1982年から，大学総長らによって自主的に大学評価制度を導入し実施しているが，当初は米国型の評価認定制度（アクレディテーション）であったのが，

現在では財政配当を目的とする財政支援型に移行しつつあるという。しかし，いくつかの批判もある。この点も日本と似ている。まず第1に，もともと基本的に国からの財政支援によって運営されている国立大学とそうでない私立大学とを同一の基準で評価するのは不公平であるというものである。第2に，大学院中心の大学に第3者評価を通して選定し (73 大学)，1999 年から7年間，毎年2000億ウォンを集中的に支援するB・K21（「頭脳韓国21」）事業を行ったが，(1) 大学の序列化を一層進める，(2) 国立大学優先政策である，(3) 地方大学を冷遇する，(4) 基礎研究を軽視する，といった批判もあがっている。

ベトナム ベトナムは東アジアではなく東南アジアに属しているが，東南アジアの一国として，こういう国もあるということでここに付け加えておこう。人口7870万人，社会主義共和国の国であり，一党独裁，首都はハノイ。キン族が90％を占め，その他は50をこえる少数民族によって構成されている。宗教は仏教が55％，カトリックも多いようだ。ベトナム語を話し，通貨はベトナム・ドン（われわれは普通この「ベトナム」を使うが，日本の外務省では「ヴィエトナム」を使っている）。1000年の中国支配，100年のフランス支配，20年のアメリカ支配を受けてきたといわれる。近年，日本ではベトナム観光ブームであり，旅行記や風土・人間に関する本が多いが，経済社会に関する学術書は意外に少ない。ベトナムにおいても，各種統計書などは少ないようである。

社会主義の国であるが，1986年に共産党第6回大会でドイモイ（刷新）路線を採択し，国内経済では市場システムを活用するとともに，対外的には非社会主義国への開放政策と外貨の積極的な導入を図った。1989年，交戦中であったカンボジアから撤退し，1995年，東南アジア諸国連合（ASEAN）に加盟する。1989年には，初の私立大学が誕生した。急速に変化を遂げている国である。

義務教育の小学校は6-11歳である。貧しさから中退する児童が多かったが，就学率は6割から9割 (2001年) に上昇している。義務教育後の中学校は4年制，高校は3年制。しかし，識字率は93％ (2008年)[19]と，経済が同程度の近隣諸国に比べて高い。立身出世のため，どんなに貧しくても教育を最優先

にする伝統をもち，勤勉である[20]。フランス領インドシナ時代にフランス人が，カンボジアにおいてもベトナム人を政府役人として多く使ったことは，日本ではあまり知られていない。

アメリカ合衆国　米国の経済は1970年代に，日本やヨーロッパに比べて競争力を失った。と同時に学校の荒廃や学力低下は社会問題になっていた。そこでレーガン政権（共和党）は1983年，「危機に立つ国家」を発表，学力低下が国の競争力を弱めると警告した。それ以来今日まで，教育改革は共和党・民主党を問わず歴代政権に継承されている[21]。ジョージ・H・W・ブッシュ時代（共和党）の1989年，大統領が全米の州知事を招き，第1回教育サミットを開催する。クリントン時代（民主党），1994年，「2000年の目標：米国教育法」が成立する。1996年，全米州知事会と企業経営者が第2回教育サミットを開催する。ジョージ・ウォーカー・ブッシュ時代（共和党），2001年，教育改革案を発表する，といった具合である。

　米国の義務教育は，日本とほぼ同じ9年としている州が多い。年齢による学校の区切りは，地域によって様々である。米国は伝統的に国の介入を嫌い，州独自に教育政策を決めてきた。また，学校教育費の主な財源は地域住民が払う固定資産税である。したがって，郊外の高級住宅地のように学校教育にお金をたくさん使える地域と，あまり使えない地域，マイノリティーや貧困層が多い都市部とで，公共教育に差が出てきて，特に後者において学校の荒廃や学力低下が問題となったわけである。上述の各種の政策もこのことに関連している。子ブッシュ政権の公約の中でも，教育改革は重要な位置づけとなっている。

　このような制度的な面も重要であるが，次のような話も興味深い。すなわち，1980年代の後半に，ある日本の政府高官が家族とともに米国に赴任したときに，驚いて調べたときの話である。小学校1年から6年までの国語の教科書に出てくる200余りの挿話を米国と日本で比較してみると，自己責任や自立心を教える話が，米国は53あるが，日本は7つしかなかった。また新しいことに挑戦する精神がテーマのものは，米国は14，日本はわずか1つであった。さらに，イソップ童話に出てくる「アリとキリギリス」の話では，冬にキリギ

リスが困り果てて終わるのではなく，キリギリスは反省して次の年には冬に備えて蓄えることを誓うという話になっている教科書があるという。その政府高官は，米国は「強い個人」を育てようとし，日本は組織の中の「やさしい一員」を育てようとしている，と分析している[22]。

産官学の協同のあり方は，各国の政治制度・経済体制・経済規模・文化・伝統などに影響もされる。しかしここで述べた高等教育以下の教育システムとも関連をもつと思われる。次に，研究開発と産官学の協同との関連について述べよう。

3. 研究開発管理と産官学協同

重要な技術革新が数十年ごとに起き，それに伴ってイノベーションが次々に生じ，大きな経済効果を生み出し，経済発展の原動力となる。それは次のようなものである[23]。

1790-1825 年頃
　蒸気機関の改良（1765 年）や紡績機の発明（1764 年）による紡績業の躍動的な発展から始まった第 1 次産業革命
1845-1875 年頃
　鉄道技術の高度化や鉄道の普及による大量輸送時代の到来による景気上昇
1900 年前後
　電気工業，化学工業，自動車，航空機などの出現とこれらの新規産業による景気拡大
1950-1970 年頃
　テレビや航空機，石油化学などの発展による高度経済成長
1985-1990 年頃
　半導体産業の発展がもたらした IT 革命

このように大きく長期的なイノベーションでなくても、イノベーションは間違いなく経済成長に影響を与え続ける。では、イノベーションが経済成長にどれだけ貢献あるいは寄与したかを具体的に測定できるであろうか。これを測定する指標の1つに、TFP（Total Factor Productivity、全要素生産性）という概念がある。TFPとは、生産に寄与する要素のうち、労働投入と資本投入とを除いたすべての生産性を意味している。TFPは、景気変動・教育による労働の質・規模の経済性の拡大なども含むが、技術の進歩が大きな要素を占めているといわれており、したがって経済成長へのイノベーションの寄与の程度はTFPの大きさでほぼ説明できるといわれている。このことを簡単に説明しておこう。

「今年の経済成長は3％だった」とか言う経済成長率とは、国内総生産（GDP）の上昇率のことを言う。それは、生産要素である資本、労働、および土地それぞれの増加率が加算されたものである。ただし現在では、生産要素のうち土地の増加率は無視しうる。したがって、資本と労働が増加すれば生産量も増加し、経済は成長するということになる。たとえて言うなら、ある工場で、機械設備や原材料（これらは資本に属す）と労働者を増やせば生産高が増加するのと同じことである。日本の過去35年間を、5年刻みで、それらの関係をみると、図5-2のようになる[24]。

1970年代前半の経済成長率は4.8％、後半は4.9％、1980年代前半は3.3％、後半は5.2％、1990年代からはバブルの崩壊により低成長になり、前半が1.5％、後半は0.1％であり、ほとんどゼロ成長であり、しかも長期化している。

この経済成長率に対して、まず資本のほうを見よう。資本の増加はそれまで蓄積されてきた総資本量すなわち資本ストックにその年実施された投資額を加え、そこから減価償却部分を引く。これにより資本の増加率が計算されるが、この増加率に国内総生産のうちの資本への分配率（この35年では約50％から35％に減少）を掛け合わせると、経済成長率に対する資本増加率の寄与度が算出される。1970年代前半は、大量生産技術や大型化技術などの設備投資の増

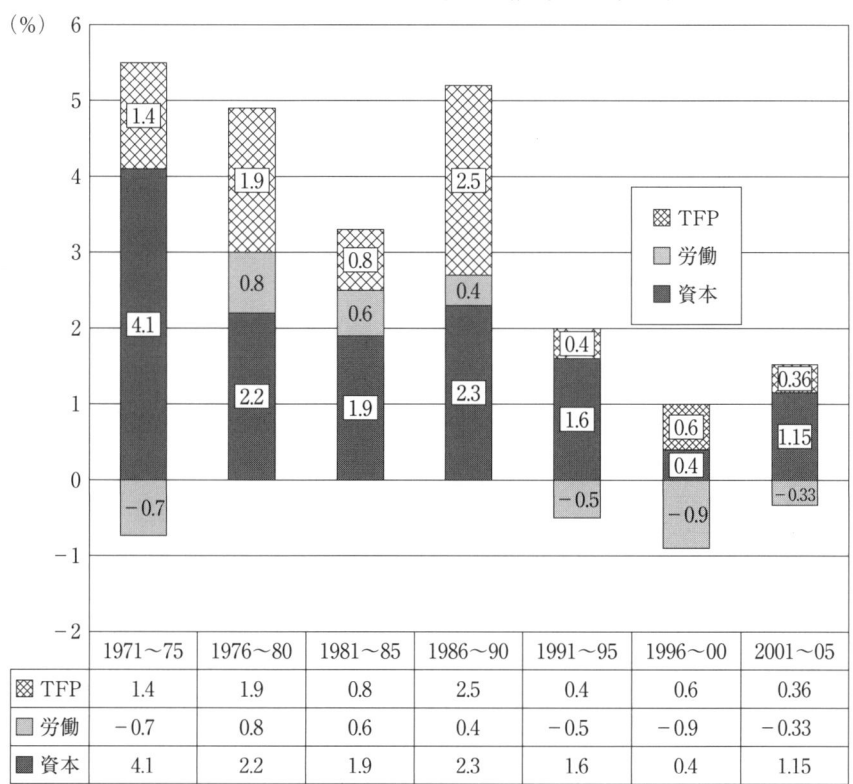

図 5-2　日本における実質経済成長率への寄与度

	1971〜75	1976〜80	1981〜85	1986〜90	1991〜95	1996〜00	2001〜05
TFP	1.4	1.9	0.8	2.5	0.4	0.6	0.36
労働	-0.7	0.8	0.6	0.4	-0.5	-0.9	-0.33
資本	4.1	2.2	1.9	2.3	1.6	0.4	1.15

(注) 1. TFPの上昇率＝（実質付加価値生産成長率）−（資本ストック伸び率×資本分配率）−（労働投入伸び率×労働分配率）
2. 各期間で生産の伸びおよび各要素の生産の伸びに対する寄与度を単純平均した。なお，1985 年のデータは NTT の参入による断層のため削除。
(出所) 文部科学省編『科学技術白書』(各年版) より筆者作成

大により 4.1％，後半の 2.2％，1980 年代の前半が 1.9％，後半は 2.3％，1990 年代は，不況が反映し，前半が 1.6％，後半は 0.4％となっている。2000 年代前半は 1.15％である。

次に，労働の寄与度を見ると，労働の増加は，（総実労働時間×就業者数）の増加で表される。就業者数は，1971 年の 4400 万人から 2000 年の 6400 万人と

著しく増加しているが，1人あたりの労働時間数は2,218時間から1,860時間へと著しく減少している[25]。諸外国から「日本人は働き過ぎである」という批判に答えたという側面もあるが，日本人の価値観念が仕事以外のほうに向けられたという側面もあろう。毎年の上述の掛け算の積に，労働分配率（この35年間で50％から65％に増加）を掛け合わせると，労働の増加率の経済成長率に対する寄与度が計算される。念のために，5年ごとの数字を挙げておくと，1970年代前半はマイナス0.7％，後半は0.8％，1980年代前半は0.6％，後半は0.4％，1990年代前半はマイナス0.5％，後半はマイナス0.9％である。2000年代前半はマイナス0.33である。

上の，資本の増加率と労働の増加率（減少率）とを足したものが経済成長率になるはずであるが，そうはならずに差が出る。この差が，とりもなおさずTFPである。TFPはほとんど技術革新などによるイノベーションによって占められていると言われている。1970年代前半のTFPは1.4％，後半は1.9％，1980年代前半は0.8％，後半は2.5％，1990年代前半は0.4％，後半は0.6％である。2000年代前半は0.36％である。1990年代からの不況はTFPの低さに起因する，あるいは言い換えれば，経済成長率に対するTFPのウエイトが大きくなっていると言える。このように見てくると，今後，日本では労働の増加は期待できないのであるから，イノベーションが経済成長を支える重要な役割を担うということが分かる。

革新的な技術を中心とするイノベーションは，経済発展に寄与するだけでなく，雇用者の増加を促す。このことを文部科学省編『科学技術白書 2002年度版』は，IT革新の場合について次のように試算している[26]。表5-3がそれである。

以下では，主に『科学技術白書 2002年度版』に拠りながら，イノベーションの定量的諸側面を簡単に国際比較してみよう。ここでの対象国・地域は主に，日本，米国，そしてドイツ，さらにEUである。ドイツはEU諸国の一例としてあげたが，EU諸国の中では最も研究・開発活動が活発であり，経済活動も盛んである。日本以外の東アジアでは，このような統一的な統計調査は

表 5-3　IT 革新によって引き起こされた雇用者の増減数

増減要因	雇用者数
労働生産性の向上による雇用減	−2,627,081
情報通信技術の活用部門への需要増に伴う雇用増	2,497,208
情報通信技術の供給部門への需要増に伴う雇用増	1,832,398
雇用者所得を通じた効果	663,226
計	2,365,751

（出所）文部科学省編『科学技術白書』（2002 年版）10 頁

あまり行われていないようである。なお、ここで研究・開発とは一般に、知識（人文・社会科学の知識を含む）の蓄積を増加させたり、知識の新しい応用を考案するために知識を利用したりする創造的、組織的活動のことをいう。

まず図 5-3 を見られたい。日本、米国、ドイツ、EU などの研究者数を過去 30 年間比較したものである[27]。各国とも増加しているが、中国の増加が著しく、米国を抜いて 1 位になっている。人口が多いということもあるが、近年の経済成長に支えられている面が大きいであろう。

次に、研究者を組織別の割合であらわした図 5-4 を見られたい。アジア諸国では産業の割合が多く、他方、欧州では大学の割合が多くなっている。また米国では、近年この種の調査はなされていないようである。大学と産業界との垣根が希薄ということであろうか。

この表で「政府」というのは、政府研究機関に所属する研究・開発者のことである。また、大学等の研究者数に注意する必要がある。統計の取り方や少し古い統計によっては、大学における研究・開発者が、米国よりも日本が多くなっていることがある。これは例えば、日本においては、大学教員はすべて研究者にカウントされるが、米国では博士の学位を持ちかつ大学において研究活動を主務としている者しかカウントしないなどの統計上の基準が日米で異なるからである。もし米国の研究者を日本の基準で数えれば恐らく、日本よりも多くなるであろう。また、この図でもみられるように「FTE 換算」とあるのは、

図 5-3 主要国の研究者の推移

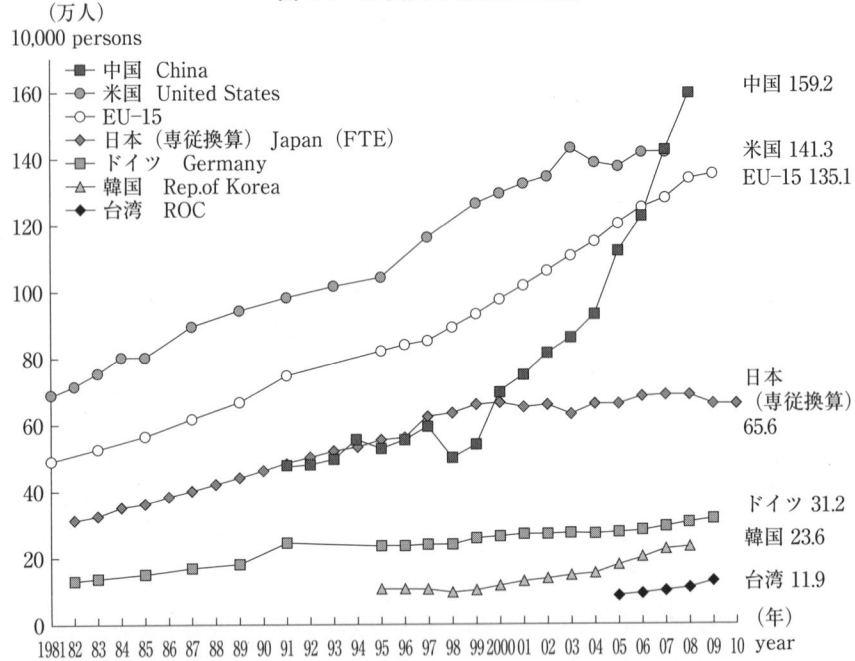

(万人) 10,000 persons

凡例:
- 中国 China
- 米国 United States
- EU-15
- 日本(専従換算) Japan (FTE)
- ドイツ Germany
- 韓国 Rep.of Korea
- 台湾 ROC

2009年値:
- 中国 159.2
- 米国 141.3
- EU-15 135.1
- 日本(専従換算) 65.6
- ドイツ 31.2
- 韓国 23.6
- 台湾 11.9

(年) 1981 82 83 84 85 86 87 88 89 90 91 92 93 94 95 96 97 98 99 2000 01 02 03 04 05 06 07 08 09 10 year

注) 1. 各国とも人文・社会科学が含まれている。ただし,韓国の2006年までは人文・社会科学が含まれていない。
2. 米国・EU・ドイツは推計値を含む

出所)文部科学省(編)『科学技術要覧』(平成23年度)46頁,台湾については行政院国家科学委員会(編)『統計資料集』(2010年)5頁,より筆者作成

大学院生などをそのまま研究者としてカウントするのではなく,一定の割合を乗じたものを研究者としてカウントしたものである。この乗率が国によって,また異なる。研究・開発者はイノベーションの担い手として注目すべきであるが,比較する場合注意が必要である。

日本では1991年,政府の政策として大学院拡大政策をとってきたが(2000年までに院生20万人),修了後必ずしも研究職を得られるわけではなく,また産業界に適応できるとも限らない。ただ研究者の数だけ増やすのでは,ミスマッチやポスト・ドクター問題(ポスドク問題)が生じるだけである。

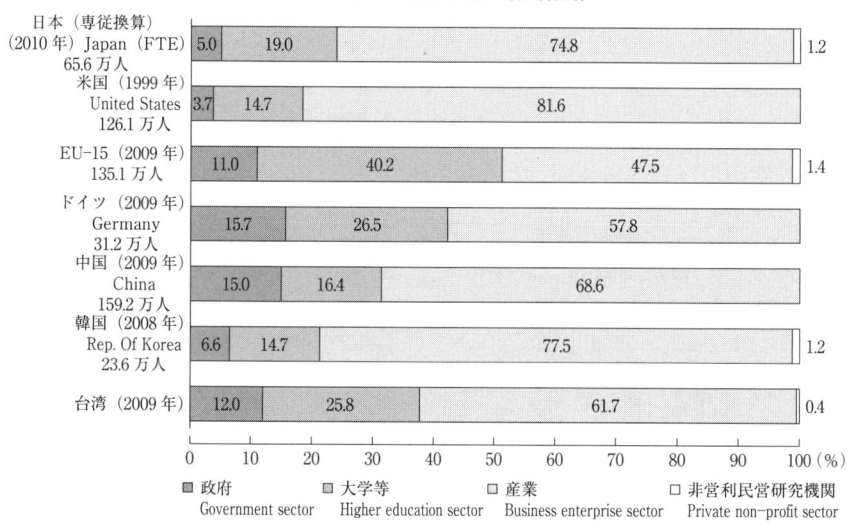

図 5-4 各国の研究者数（組織別）

国	政府	大学等	産業	非営利民営研究機関
日本（専従換算）(2010年) Japan (FTE) 65.6万人	5.0	19.0	74.8	1.2
米国（1999年）United States 126.1万人	3.7	14.7	81.6	
EU-15（2009年）135.1万人	11.0	40.2	47.5	1.4
ドイツ（2009年）Germany 31.2万人	15.7	26.5	57.8	
中国（2009年）China 159.2万人	15.0	16.4	68.6	
韓国（2008年）Rep. Of Korea 23.6万人	6.6	14.7	77.5	1.2
台湾（2009年）	12.0	25.8	61.7	0.4

注）①各国とも人文・社会科学を含む。
②EUとドイツは暫定値。
出所）文部科学省（編）『科学技術要覧』（平成23年度版）49頁，台湾については，行政院国家科学委員会（編）『統計資料集』（2010年版）28頁，より筆者作成

なお日本の統計では，研究・開発従事者を，研究者と技能者とそれ以外の者と区別して定義している。すなわち，

研究・開発従事者とは，次の部門で研究業務に従事する常勤者（非常勤は常勤者数に換算）のことである。すなわち

①生産部門（財・サービスの生産，分配を行う企業，商社）

②高等教育部門（所属研究所および実験場を含む）

③一般サービス部門（国・公営の公共サービス部門）

である。

研究・開発従事者のうち，研究者とは，高等教育以上の専門的科学技術教育を終了した科学者・技師で，専門的業務または指揮にあたるもののことである。研究・開発に従事する大学院生も含める。

研究・開発従事者のうち，技能者とは，職業的・技術的教育を終了し，研究

者の指導の下で研究・開発に従事する者のことである。

　研究・開発従事者のうち，研究者・技能者以外の者とは，研究・開発に関わる人事・経理・総務などの管理者や事務従事者，職人などである。

　次に，図5-5の，主要各国の研究開発投資額を見られたい[28]。米国の研究開発投資額は圧倒的に多い。とくに米国では図では見えないが，1980年代に研究開発投資額が著しく伸びたことがあった。カーター大統領の政策によるものである[29]。中国・韓国・台湾などはまだぜい弱である。最近の動きとしては，国際的な共同研究が増加していること，わが国の研究開発部門が海外で展開されることなど，やや複雑さを増している。

　次の図5-6は，その研究費をどこが負担しているかを示している。日本は以前から叫ばれていることだが，政府部門からの投資額が少なく，特にその割合において，ぜい弱である。なお研究開発費とは，経常的経費（人件費など）

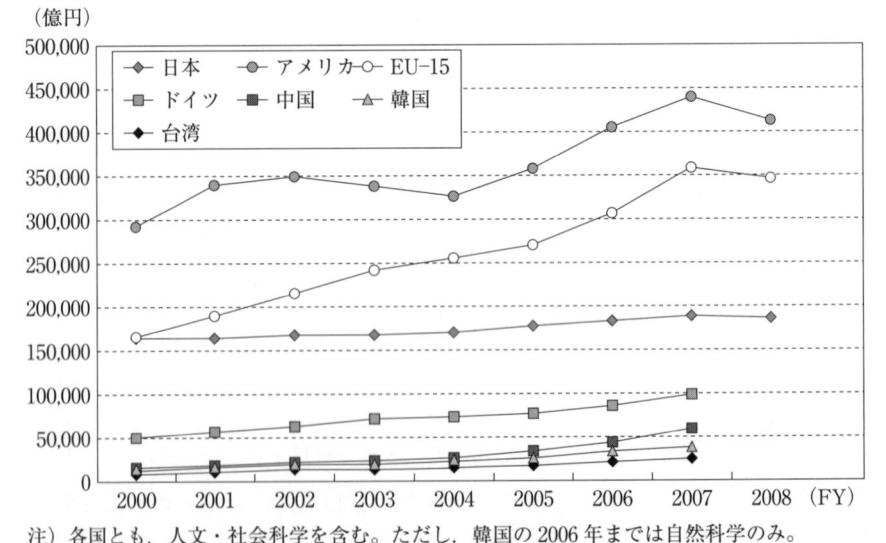

図5-5　主要各国の研究開発投資額

注）各国とも，人文・社会科学を含む。ただし，韓国の2006年までは自然科学のみ。
出所）文部科学省（編）『科学技術要覧』（平成22年度版）2頁，台湾については，行政院国家科学委員会（編）『統計資料集』（2010年版）4頁，より筆者作成

図5-6 主要国の研究費の負担

国	政府	民間	外国
日本（2009）（専従換算）Japan（FTE）	17.9	81.7	0.4
米国（2008）United States	27.1	72.9	
EU-15（2008）	33.3	57.8	8.8
ドイツ（2008）Germany	28.4	67.6	4.0
中国（2008）China	23.6	75.2	1.2
韓国（2008）Rep. Of Korea	25.4	74.3	0.3
台湾（2008）ROC	28.9	69.7	1.4

■ 政府 Government sector　□ 民間 Non-government　□ 外国 Foreign countries

注）①政府・外国以外は民間としている。
　　②米国は暫定値，EUは推計値である。
出所）文部科学省（編）『科学技術要覧』（平成23年度版）5頁，台湾については，行政院国家科学委員会（編）『統計資料集』（2010年版）8頁，より筆者作成

と資本的経費の支出のことであり，ここでは円換算している。

　表5-4では，日本・米国・ドイツ・中国・韓国での，研究費の負担者別の割合，使用者別の割合を示している。日本における政府負担の割合が，米国やドイツに比べて少ないことが分かる[30]。

　表5-5では，各国の研究・開発活動を一覧表であらわそうとしたものである。インプットとは今まで見てきたように，①研究者数と②研究開発投資である。産学連携度合は大学の研究費を企業が負担する度合で示すことができよう。興味深い数字であるが，日本は他と比べて著しく少ないことが分かる。アウトプットとは，特許登録件数，Top10％論文数，技術輸出額，ハイテク産業の輸出額のシェアで示した。これに，ノーベル賞受賞者数もよく加えられる[31]。その受賞者を自然科学分野だけで数え上げると，1901年から2008年までの合計で，1位の米国は227名，2位イギリスは75名，3位ドイツは68名，日本は9位で12名である[32]。

　以上，研究開発を簡単に国際比較したが，そのありようは特に近年，国の

表 5-4 研究費の組織別の流れ

日本（2009 年）

組織	負担割合	使用割合
企業等	69.2	69.4
政府	20.3	8.5
大学	9.4	20.6
非営利団体	0.8	1.5
外国	0.4	0.0
合計	100.0	100.0

米国（2008 年）

組織	負担割合	使用割合
企業等	67.3	72.6
政府	27.0	10.6
大学	2.7	12.9
非営利団体	3.0	3.9
外国	0.0	0.0
合計	100.0	100.0

ドイツ（2008 年）

組織	負担割合	使用割合
企業等	67.4	69.3
政府	28.4	14.0
大学	0.0	16.7
非営利団体	0.3	0.0
外国	4.1	0.0
合計	100.0	100.0

中国（2008 年）

組織	負担割合	使用割合
企業等	71.8	73.3
政府	23.6	18.3
大学	0.0	8.4
非営利団体	0.0	0.0
外国	1.2	0.0
合計	100.0	100.0

韓国（2008 年）

組織	負担割合	使用割合
企業等	72.8	75.4
政府	25.5	12.2
大学	0.9	11.0
非営利団体	0.3	1.4
外国	0.3	0.0
合計	100.0	100.0

注）日本の「負担割合」で大学とは私立大学のみである。「使用割合」の大学は国公私立大学、短大を含む
出所）文部科学省（編）『科学技術要覧』（平成 23 年度版）14 頁以下

取ってきた政策に大きく左右される。アメリカ合衆国のような伝統的に個人を中心に置く国でも国の政策による影響は大きい。ましてや中国などの社会主義国では特にそうである。以下では，米国と中国のみであるが，科学技術政策の歴史とでも言うものを簡単に振り返っておきたい。以下の記述は，文部科学省編『科学技術白書　2002 年版』による[33]。

米国　二度にわたる世界大戦とその後の冷戦下における国家安全保障や宇宙開発競争といった要請から，国家目標の明確化と，それにより潤沢に投入された研究開発資金をもとに形成されてきた。そのイノベーションシステムの特徴は，以下のものである。

表 5-5 各国の科学技術活動の国際比較

区分	指標	日本	米国	EU(15ヶ国)	ドイツ	中国	韓国	台湾
インプット	①研究者数(万人)	65.8(非FTE)	126.1*	135.1	31.2	159.2*	23.6*	11.9
	②研究開発投資(兆円)	17.2	41.2	29.8	8.8	6.9	3.2	11
産学連携度合	③大学研究費の企業負担割合(%)	2.4	5.7*	—	15.1*	34.6*	12.0*	6.3
アウトプット	④特許登録件数(万件)	23.9*	14.7*	—	5.4*	4.9*	8.0*	0.7
	⑤Top10%論文数	3,977	29,173	—	5,642	5,291	1,392	
	⑥技術輸出額(億ドル)	215.4	890.6	—	561.8	—	—	5.9*
	⑦ハイテク産業の輸出額のシェア(%)	6.4	14	—	10.1	—	5	—

注) 特許登録件数は、出願人の国籍別に、自国・他国の登録件数および PCT 国際出願の登録件数の合計。台湾の数値は米国登録数。
2009 年の数字。*は 2008 年の数字。
出所) 文部科学省(編)『科学技術要覧』(平成 23 年度版、一部 22 年度版)、論文数は文部科学省(編)『科学技術指標 2010』(2010 年)(分数カウントによる)
台湾のデータは行政院国家科学委員会(編)『統計資料集』(2010 年)を使用

①研究開発に投入する資源が他国に比べて圧倒的に大きい

2008 年度 3982 億ドル(2 位の日本の 17 兆 2000 億円の約 2 倍で、さらに格差拡大傾向にある)

②研究費全体における政府負担率が大きい

2008 年度 27%(日本は 17.9%)。そのまた約半分は、国防関連の研究費で、コストを度外視することで高度のテクノロジーの獲得の可能性が高い(インターネットがそうであった)。

③知的財産重視の政策(プロパテント政策)

もともと、合衆国憲法に特許の規定があるなど、知的財産を重視。さら

に，1980年代，日欧の追い上げに対して，特許権を強化するプロパテント政策をとる。

④ベンチャー企業の比重が大きい

ベンチャー企業が，巨大な資本市場や労働市場の流動性に支えられて，イノベーションを起こしている例が多い。

⑤産業界と大学の強い連携

大学は，連邦政府から長期にわたり多大の研究資金を受けてきており，産学の連携を促進する政策も後押しする形で，多くの分野で高い研究水準を維持している。特にライフサイエンス分野。最近，その資金は減少しているが，今度は産業界からの資金の支援がそれを補っている。

このような現在の米国のイノベーションシステムは，次のような大きな変遷を経てできたものである。

〈第2次世界大戦前〉 米国におけるイノベーションに関連する政策は，南北戦争中のモリル法（1862年）にまでさかのぼる。この法律は，連邦政府が州に国有地を付与することにより州立大学の設立を促進し，合わせて工学および農学の振興を図ったものである。

その後，大学は，企業に対するコンサルタント的な役割を果たす。具体的には，織物業や原油分析などに関しての助言や企業の研究者の育成である。見返りは，大学への奨学金，寄付金，あるいは研究テーマへの直接出資である。政府に対しては，大学はこの時期，科学が政治に巻き込まれることへの恐れから，一定の距離を置くようになり，公的な研究資金なども拒否する傾向があった。

〈1960年代まで〉 第2次世界大戦時，科学技術が国力向上に有効であることが認識された。雇用創出・国民の健康・安全保障にとって大学の基礎研究が重要であると主張したブッシュレポート（1945年）を受け，連邦政府から大学の基礎研究への資金提供は大幅に増大した。また，復員兵援護法により，復員兵が大学で科学や工学を学んだ。こうして米国は，世界一の科学大国になった。

しかし，スプートニクショック（1957年）により，予算の重点は国防と宇宙関連におかれ，大学においてもこれに関する基礎研究が中心となっていった。それらは高度な科学技術ではあるが，その時点では直ちに産業に結びつくものではなく，産学の関係は希薄になっていった。

〈1970年代以降〉 ところが，1970年代から1980年代にかけて，日・欧の生産性向上により，米国の鉄鋼業，自動車，電気等の製造業が遅れをとるようになり，大いに問題になった。そこでカーター大統領は，企業の将来が先端技術の発展にかかっており，そのために基礎研究が重要であることを認識し，民間の基礎研究に対する支援を増大させた。

1980年には，政府の資金援助による研究から生まれた特許が，発明者やその所属機関に帰属・継承させられないことが，米国が技術的に遅れた大きな原因の1つだとして産業界から集中攻撃を受け，また，とくに医薬品や医療機器の分野（特にガン撲滅のための）で連邦政府の支援を受けておこなった研究成果の実用化をめぐる問題を抱えていた大学からの働きもあり，バイ・ドール法が成立した。これにより，政府の資金援助による研究から生まれた特許は発明者やその所属機関に留保され，大学にはその発明のライセンスを企業に与えることが奨励されるようになった。

こうして，大学における研究者たちは政府から研究費を獲得し，その成果を特許化して企業に技術移転することが広まり，また大学は組織的に研究者を支援するようになった。

その後，一時的に研究開発のための政府からの援助額が減少したが，2001年9月11日の同時多発テロをきっかけに，2002年から再び増加する気配を見せている。

中国 米国のイノベーションシステムは各国のイノベーションシステム政策のモデルになっているが，それでは中国のそれはどのようなものか。

中国のイノベーションシステム政策は，1996年の「科学技術成果移転法」などによる政府の技術移転推進政策と，市場メカニズムとの両輪で行われてい

る。現在の中国では，企業の研究開発能力が依然低い状況にあるため，国の研究機関や大学が自ら起業し，直接，研究成果を移転する「直接移転」が中心である。前述の，中国科学院の「聯想集団」，北京大学の「北大方正」などのパソコンがその代表格である。その他，技術市場を介して技術を有償で提供する「間接移転」や出資（株式）という形態で移転される場合などがある。

　しかし，(1) 企業の研究開発能力が低い，(2) 研究者・技術者の研究成果移転のインセンティブが弱いなどの理由から，中国政府は，(1) については，第九次5カ年計画（1996-2000年）の後半の1999-2000年にかけて，朱鎔基総理は，国の研究機関合計376個所の民営化を行い，研究成果の産業化を目指し，(2) については，国家最高科学技術賞などの科学賞を設けたり，企業からの報奨金を受け取れる制度を設けたりした。

　その後，第十次5カ年計画（2001年-2005年）では，「科教興国」（科学技術と教育によって国を興す）を目指し，科学技術と教育の連携の強化や，研究開発投資の対GDP比率の向上（2000年時点で1.1％，2005年には1.5％を目標）などの重点的な8項目の戦略を掲げている。

　〈高度技術（ハイテク）産業開発区について〉　1988年，国家科学技術委員会（現在の科学技術部，日本の旧科学技術庁にあたる）は，ハイテク産業の育成を目的として，火炬（トーチ）計画を批准し，全国に53箇所の「国家級ハイテク（高新技術）産業開発区」（中国版テクノポリス）を設置し，バイオテクノロジー，マイクロエレクトロニクス，マイクロコンピュータ，メカトロニクス，新素材，エネルギー，情報・通信を中心に，研究開発，研究成果の商品化・産業化に取り組んでいる。「北京のシリコンバレー」として日本でもよく知られている「中関村」もその代表的な1つであり，モデルとなっている。

　ハイテク産業開発区の機能としては，そこに，各種優遇・環境整備を行うことにより，外国の先進技術・資金・管理方法を導入し，生産力の発展と科学技術の産業化を促進することである。ハイテク産業開発区を運営する管理委員会は，発足後5年間は母体都市の市政府と同等の行政権限が与えられる。また，その中心となるハイテク産業サービスセンター（インキュベーションセンター）

では，起業家の育成，事業化評価，開発・マーケティング支援，企業設立・経営の支援をおこなっている。ハイテク産業開発区に認定されたハイテク企業は，輸出入関税の条件付き免税・有利な条件での融資・設立後2年間企業所得税の免税を受け，その後も15%の減税，総生産額の70%を輸出した場合にはさらに10%の減税などの優遇措置を受けることができる。

これらハイテク産業開発区の成果は，1990年から2000年の10年間で，企業数で12倍，従業員数で21倍，総収入で12倍，純利益で100倍，納税額で92倍，輸出額で186倍という著しい伸びを示している。中国全体に占める割合はまだ小さいが，今後，ハイテク産業開発区やハイテク企業が，中国経済の発展の中核になる可能性はある。

〈頭脳流出対策について〉 米国に留学した中国人のうち，約7割が帰国しない事態は深刻である。中国政府は，海外残留者の帰国を促すため，帰国後の高ポストの約束や家族を含めた生活・就職の保証などを，政府機関・地方・企業などに求めてきた。しかし2001年8月，中国人事部・教育部・科学技術部・公安部・財政部は共同で，「海外留学者が多様な形態で国に貢献することを奨励する若干の意見」を出し，帰国せずに海外の大学・研究所・企業に在籍しながら，祖国の発展に貢献する新たな方法を残留者に示し，協力を呼びかけた。その内容は，

表5-6 中国の高新技術（ハイテク）産業開発区

	1990	1994	2000	2005
開発区	27	52	53	53
企業数	1,652	11,748	20,796	41,990
従業員（万）	12	80	251	521
総収入（億元）	757	942	9,209	34,416
出荷（億元）	43	853	7,942	28,958
純利益（億元）	6	—	597	1,603
納税額（億元）	5	—	460	1,616
輸出額（億$）	1	13	186	1,117

出所）国家統計局科学技術部『中国統計年鑑』（各年版）

① 海外留学残留者に期待する主な貢献
　ⅰ．中国の大学・研究所・企業などとの共同研究
　ⅱ．中国からの委託を受けた海外での受託研究
　ⅲ．特許・専門技術・研究成果などの中国での生産転化，またそれらをもとにした企業創出・コンサルタント・中国への資本投入
② 主な支援内容
　ⅰ．世界的に競争力を持つ共同研究開発に対する国の資金援助
　ⅱ．生産転化・企業経営・郷土研究などによる正当な報酬の保証および納税後の収入の海外持ち出しの保証
　ⅲ．知的所有権の保証
　ⅳ．国内滞在時の優遇（住宅・子女の入学など）
　ⅴ．出入国手続きの便宜供与

4. 結　　び

　研究開発管理の国際比較の予備的考察として，われわれは第1節において，シュンペーターのイノベーションの概念を採用すべきであると考えた。イノベーションは単に技術革新のみではないのである。本文であげたキャッシュフロー経営の採用が，企業の付加価値生産を飛躍的に高めたことを指摘した。
　第2節では，米国経済圏が南方へ，EU経済圏が東方へ，急速に拡大しており，このままで推移するとアジアにとって，健全な経済環境にはならないであろう。1997年のアジア通貨危機が思い出される。しかしながら，アジアの統合といっても困難を極めそうである。経済面だけの統合でも困難が予想される。問題のひとつは富める国と貧しい国との大きな格差ではなかろうか。ODA（政府開発援助）も適切な運営がなされていないことが報告されている。アジアには一人当りGDPが1000ドルに満たない国が存在する。それでは，イノベーションを挺子に何とかならないかというのがわれわれの主張である。そのあとは政治の問題である。いずれにしても，国内はもとより，アジア全体

に対して持続的に貢献することが求められている。

　大きく長期的なイノベーションは基礎研究によるところが大きい。この点に関しては，日本政府もようやく動き出したという感がある。例えば日本政府は，科学技術基本計画（2001-05年度）で「50年間で30人のノーベル賞受賞者を出す」という数値目標を明らかにした。すでに2001年から2009年度までに6名の受賞者を輩出した（自然科学分野のみ）。また2002年10月には，とかく問題の多かった「21世紀COEプログラム」（センター・オブ・エキセレンス）の採択結果が公表された。これは，2002年度と2003年度で各5分野から研究を公募する。各分野でそれぞれ10-30件程度，採択する。1件につき，5年間にわたり，年1-5億円を支援するというものである。これらはどちらも問題があるが，基礎研究の重要性は否定できない。

　問題というのは，例えば前者では，大きな発明発見に対して企業がどう報いるかが問題になっている。日亜化学工業からカリフォルニア大学に転出した中村修二氏の訴訟問題がある[34]。また，島津製作所における田中耕一氏のノーベル賞受賞に関して，それに対して当初1万円の報奨金のみしか与えられなかったが，受賞によって1000万円の報奨金が与えられ，主任から5段階アップのフェローに任命されたが，田中氏自身はそういう報酬については無頓着だと伝えられている。しかし個人の問題と国や企業の制度の整備とは別問題である。研究開発管理における人事問題として整備しなければならない。米国シリコンバレーにおける経験などが役に立つかもしれない。

　後者の，国の支援策は，研究評価制度（第3者審査の信頼性）または支援採択基準の明確化が問題になっている。いずれも特殊専門的で困難な問題であるが，先延ばしにはできない。

　戦後の日本において，数々のイノベーションが行なわれた。しかしそれらはプロセスイノベーションであることが多かったといわれている。代表的なのはトヨタのカンバン方式などである。プロダクトイノベーションがこれからは重要だと思われるが，それを引き起こさせるためにも基礎研究が欠かせない。また，本章では簡単にしか言及しなかったが，イノベーションを引き起こすため

には教育が重要である。わが国で，戦前戦中，「忠君愛国」の教育を受けた多くの若者が，特攻隊にわざわざ志願して死んでいった例を出すまでもない。この場合，教育の制度のみではなくその中身も重要と思われる。

註

1) Schumpeter, Joseph Alois: Theorie der wirtschaftlichen Entwicklung, 1912, S.100f. 塩野谷・中山・東畑訳『経済発展の理論――企業者利潤・資本・信用・利子および景気の回転に関する一研究』（岩波書店，1977年）150頁以下。
2) 日本経済新聞1999年3月29日付朝刊。
3) 兼職とは公務員が地方公共団体などの他の一般職や特別職につくことであり，兼業とは公務員が他の公共団体の職についたり，営利企業を営んだり，その役員になったりして報酬を得ることである。公務員は全体の奉仕者として職務に専念する義務があるので，私企業などに従事するのは本務との関係で制約される（国家公務員法第101条，第104条）。
4) 日本経済新聞1999年6月29日付朝刊。
5) 日本経済新聞2002年3月31日付朝刊。
6) 実は，大学と産業界との連携・協力のあり方については，文部省の協力者会議（座長は東京大学〔国立〕生産技術研究所長S教授）でも1996年12月という早い時期から，「中間報告」という形で問題になっていた。

　国立大学教員も国家公務員であるが，国家公務員が勤務時間外に他の仕事に就くことは，本文でも述べたように，国家公務員法などで制限されている。国立大学教員の場合は特に厳しい。私立病院の非常勤医師や研修会の講師などを除き，原則禁止である。しかしそれでは，産学間の共同研究や人材交流などが進まず，今日強く求められている新しい産業の創出がはかどらない。そこで協力者会議は，本来の業務に差し支えなく，直接の利害関係のない範囲において，規制を緩やかにしたり，企業に優遇措置を与えたりする提言を行ったのである。いわゆる規制緩和の一環である。これにより，教員が企業

の研究所に出向いて共同研究や技術指導をしたり，経営上のコンサルティングを行なったりすることも可能となる（日本経済新聞 1996 年 12 月 12 日付夕刊）。

　文部省によれば，共同研究を認める制度ができた1983年に比べ，1995 年の国立大学と民間企業との共同研究は 1704 件で，約 30 倍になっているという。しかし現在，それでもなお制約が多い。共同研究の課題は，材料開発・機器開発など理工系分野がほとんどで，大学側の基礎研究を基に企業側が製品化するケースが多いという。共同研究の形は，大学・企業それぞれの研究室で別個に研究を行なったり，企業から大学に人材を受け入れたりする程度だという。

7）文部科学省編『科学技術白書 2002 年版』（財務省印刷局，2002 年）3 頁。

8）日本経済新聞 2002 年 2 月 4 日付朝刊。

9）10）http://jpn.cec.int/japanese/general-info/index.html（2002 年 8 月アクセス）。

11）日本経済新聞 1998 年 12 月 20 日付朝刊。

12）日本経済新聞 1998 年 12 月 7 日付朝刊。

13）総務省統計研修所編『世界の統計　2011』（総務省統計局，2011 年）15，16 頁。

14）Okakura, Kakasu: The ideals of the East with special reference to the art of Japan, London（John Murray）1903. 佐伯彰一・桶谷秀昭・橋川文三訳『東洋の理想他―岡倉天心』（平凡社，1983 年）11 頁。

15）総務省統計研修所編『世界の統計 2002』352 頁。

16）日本経済新聞 2001 年 5 月 13 日付朝刊。

17）日本経済新聞 2002 年 2 月 23 日付朝刊。

18）このうち女子の割合が 37％と低いのは，国の宗教はキリスト教であるが，道徳の面では儒教精神が強いことの現われか。
　　総務省統計研修所編『世界の統計 2002』351 頁。

19）総務省統計研修所編『世界の統計 2002』355 頁。

20）日本経済新聞 2001 年 5 月 13 日付朝刊。
21）日本経済新開 2001 年 5 月 13 日付朝刊。
22）日本経済新聞 2002 年 3 月 7 日付朝刊。
23）文部科学省編『科学技術白書 2002 年度版』16 頁。
24）文部科学省編『科学技術白書 2002 年度版』7 頁。
25）労働省編『労働白書　各年版』(各年)。
26）文部科学省編『科学技術白書 2002 年度版』10 頁。
27）同，27 頁。
28）同，29 頁。
29）同，16 貫。
30）同，103 頁，363 頁。
31）今野浩一郎『研究開発マネジメント入門』(日本経済新聞社，1993 年) 21 頁以下。
32）文部科学省編『文部科学統計要覧　平成 21 年度版』。
33）文部科学省編『科学技術白書 2002 年度版』13 頁以下。
34）『日経ビジネス』2002 年 9 月 30 日号，10 頁以下。

第6章

終章——アジアにおける合理化の問題

はじめに

　第5章においてアジア各国の技術革新ないしイノベーションについて述べた。日本はともかく，アジア各国は特にこの10数年間でのこの側面での発展は著しい。外資導入や外国の技術導入の影響が大きいとはいえ，産業が高度化し，技術の発展がみられ，都市化が進み，人々は豊かになった。中国はその典型であろう。今後もこの方向での発展は進みそうである。

　アジアの技術的発展や経済的発展はおおむね好ましいことではあるが，しかし不安もある。本章ではドイツの戦後の経験から，この不安の一側面を述べてみたい。

1. ドイツの産業および経営社会学

　ドイツの社会学において，合理化（Rationalisierung）の問題が決定的に重要になった時期がある。この場合の合理化とは，全体社会をおおう，様々な現象の底流をなすものとしての合理化のことであって，「資本主義的合理化」とも「西洋的合理化」とも言われるものである。特に19世紀から20世紀への転回点において，すなわち時代が大きく変化しようとしていた時期において，マックス・ヴェーバー（Weber, Max）がこの問題に視座をすえた。

　ヴェーバーに関する最も著名な文献において，ベンディックス（Bendix, Reinhard）は次のように述べている。「ヴェーバーは生涯を通じて，西ヨーロッパ文明における合理主義の発展に関心を奪われていたが，彼の研究は，…

近代の世界では理性と自由が危機に瀕しているということを疑問の余地なく示すものであった。しかし，理性と自由という大義に対するヴェーバーの個人的帰依は，いささかもゆるぐことがなかった。この点では，他の多くの著作家たちとは，すなわち，彼の存命中およびそれ以後になんらかの形の非合理主義的教義を奉じた著作家たちとは対照的であった。フロイト（Freud, Sigmund）の仕事と同じように，ヴェーバーの帰依は，人間の非合理性を熟知したのちに，なお人間の理性を防衛するという努力をともなっていた[1]」と。

ヴェーバーは，1920年に56歳の若さで没した。しかも存命中においても，病気や軍役などにより，その実際の研究期間は意外に短かったが，彼の残した学問的業績は多岐にわたり，しかも膨大であった。彼は，法学・社会学・経済学・宗教学・中世の商事会社・ドイツの農業問題・音楽の起源・経営の生産性に関する社会的および心理的諸条件・社会科学の方法論などを研究した。つまり彼の研究は，人文諸科学・社会諸科学全般にわたった。そしてこれら膨大な諸研究の根底に，西ヨーロッパ文明に特異な合理化の問題性を置いていたのである。

ヴェーバーの死後，ドイツにおいてヴェーバーがほとんど忘れ去られた時期もあったが[2]，第2次世界大戦後より今日に到るまで，その再評価と研究が繰り返され，今日においてもなお，多種の研究分野においてヴェーバーが越えられていないことが判っている[3]。

他方，ドイツの産業および経営社会学は，第2次大戦後の，ホーソン工場実験の紹介と検討が盛んに行なわれ，その影響力が非常に大きかった一時期を除いて，ほとんどいつも全体社会との関連を持ちつづけ，したがってまた一般社会学とも関連をもちつづけた。このことは，むしろ第2次世界大戦前のブリーフス（Briefs, Goetz）を中心人物とする古典派経営社会学において顕著であって，たとえばフュルステンベルク（Fürstenberg, Friedrich）なども次のように述べている。「産業社会学の問題意識の発展において，種々の重点が造り出された。この科学分野の初期（Frühgeschichte）においては，産業に関連した問題設定は，その全体社会の背景から完全に分離されることは稀であった[4]」

と。しかし第2次世界大戦後になって、産業社会学の内部で労働社会学や経営社会学としての専門化が進み、産業労働界と他の社会領域（たとえば政治・文化・家族など）との体系的関連が見落されたり、全体社会に対する産業化過程の作用の包括的な研究が欠落したりしたのである。しかし1970年代に入って、再びよりグローバルな研究視角が採用され始めた。はじめは、ヴェーバーの官僚制概念をめぐっての論議が行なわれた。後に、それが権力および支配の現象と結びつけられ、あるいは正当性の問題（Legitimitätsproblem）が浮上してきた。さらに合理化のテーマも問題視されている。後述のように、当然の成りゆきであるといえる。

以上述べたように、合理化の問題性は、ドイツの産業および経営社会学においても、もともと赤き縦糸のごとき命脈をもつものであるが、しかしそのとらえ方は、その学史の各段階によって異なる。そこでまず、古典派経営社会学においてはこの合理化の問題性がどのように表出したかをみてみよう。

2. 古典派経営社会学と合理化問題

ラルフ・ダーレンドルフ（Dahrendorf, Ralf）は第二次世界大戦後のドイツの最も代表的な産業および経営社会学の教科書の中で、こう書いている。すなわち「1920年代の終りごろ、すべての初期的試みは、フォン・ヴィーゼ（L. Von Wiese）の『関係学』と『構成体学』とによって少なからず刺激をうけたゲッツ・ブリーフスと彼の協力者ゲック（Geck, L. H. Adolph: Die sozialen Arbeitsverhältnisse im Wandel der Zeit, Berlin 1931）・ヨースト（Jost, Walter: Das Sozialleben des industriellen Betriebes, Berlin 1932）・その他において初めて総括された[5]」と。したがってここで、古典派経営社会学（厳密にいえば1928-36年までの経営社会学）の中心人物として、ゲッツ・ブリーフスを取り上げることは十分に根拠がある。

ブリーフスにとっては、合理化の問題性の中心には、技術の問題が大きく立ちはだかっていたといいうる。つまり彼は、道具・器具・機械などの総称とし

ての技術的装置（technische Apparatur）とその発展に注目した。そして彼は言う，「われわれは，まさしく経営社会学の，したがって社会史の，最も実り多き契機（Moment）である技術的装置しだいである[6]」と。またいう，「機械装置の変化は，経営の他の大きな秩序・経営の新しい肢体化・ほかの経営組織を，さらに経営のヒエラルヒーの垂直分化における重要な変革（Umwälzungen）をひき起こす[7]」と。ブリーフスが技術問題をいかに重視したかは，これらの言葉でもって十分理解できるが，さらに彼にとって特徴的なことは，この技術の進歩は後向きに進むことはないのであるから，この技術の進歩に人間がついていけず，労働者の間で疎外が生じる，という図式をもっていたふしがあるということである。そこでこのことを確かめるために彼の疎外論を検討しておこう。彼は産業労働者の疎外を4つの局面に分けて考察している。

まず第1に「所有からの疎外」（Eigentumsverfremdung）は，次に挙げる「労働からの疎外」（Arbeitsverfremdung）と同様，技術的な事情によって条件づけられている，としている。近代的大経営は，中世の手工業経営などと較べると，その技術的生産力は途方もなく大きい。そしてそこにおける機械や設備も大きく，またそれゆえ巨額の資金を必要とする。これは少数の労働者の手の届くものではなく，したがって別の集団（Instanz）が，この物的装置の所有と処理を引き受けなければならない。これが所有からの疎外と言われるものである。

ブリーフスはこの事実から，人間における所有の意義を考察し，人間の非合理性の重要性を強調するのである。たとえば，ある人が大きな公園をしばしば訪れるとしても，その人はその公園の所有者とは感じない。利用権と所有権とは異なるのである。所有権は，ある一定の限度内で物財を思いのままに取り扱う可能性であり，他人を排除する可能性である。この場合，その物財は人間の創作衝動をかきたて，人格を形成させる材料となる。あるいはさらに，たとえば植物の育成に成功した場合などは，自然に対してある種の勝利を戦い取ったという感情が生じる。昔の手工業者はかれらの仕事場や道具に対して，農民は

第6章　終章―アジアにおける合理化の問題　169

かれらの土地や家畜や道具に対して，このような非合理的な価値を見出しており，このことが，しばしば困難となる経済的事情を和らげていた。ところが現代においては，「所有からの疎外は，産業労働者から所有のすべての長所を奪い去る[8]」とブリーフスは言うのである。

第2の「労働からの疎外」もまた，所有からの疎外に劣らず重要である。これを，ブリーフスは次の言葉で象徴させている。すなわち，「労働は，人間における創造性それ自体を迎え入れるのをやめる[9]」と。労働は機械化され，残りの人間の労働においても，個性的非合理的な要素を排除することが要求される。また，労働は細かく専門化され，個々の労働の全体に対する精神的関係が消滅する。「労働の経験は，もはや下位の役割を演じるにすぎない[10]」のである。こうした事情のもとで，労働者の意欲の減少・労働の単調化・労働の喜びや誇りの消滅が生じる。

第3は「労働空間からの疎外」（Verfremdung des Werkraumes）と呼ばれるものである。熱帯にすむ動物が北方地帯の動物園などに運ばれると死亡することがある。これは気候が原因なのではなく，狭い空間に押し集められ，以前の生活空間を欠き，生命の欲求が萎縮してしまうから死亡するのである。「同様の傾向が，人間においても存在する[11]」，とブリーフスは言う。つまり工場は，人間のためではなく機械のために建設され，労働空間から生活空間が失われるからである。これが「労働空間からの疎外」と呼ばれるものである。

しばしば，労働者が搾取について語り，そして研究者や観察者がこれを直ちに経済的なものに関係づける場合，この感情の究極の基礎は，経済的なものに対する不満であることよりも，このような空間的狭さであることが多い。そして労働者自身も観察者や研究者も，案外，このことに気づかないことがあると彼は言う。

第4は「共働者からの疎外」（Verfremdung der Betriebsangehörigen）と言われるものである。中世の手工業においては，親方と職人との間の関係は，純粋な物的目的を越えたところにあり，人間的であった。親方は，新しく傭い入れようとする職人や徒弟の人間的な特性をすでに知っているか，あるいは少なく

とも，始めに吟味した。時には彼の両親のことまで知っていたこともあるだろう。しかし現代の大経営においては，これらの可能性はない。仕事仲間を捜し出すのは，せいぜい職長かあるいは採用課である。この場合，個人的な摩擦が生じやすい。これが共働者からの疎外といわれるものである。さらに，「経営において協業する人々の疎外（Fremdheit）は，そのマス化（Vermassung）によって強められる[12]」，とブリーフスは述べている。少数の労働者が一緒に働く場合，お互いに短時間で知り合うようになる。たしかによく知り合って同じ所で働くということは，場合によってはコンフリクトも生じるが，しかし友人関係や仲間意識も必然的に生じる。これは共同労働を容易にする。しかし多数の労働者が一緒に働く場合，相互の人間関係は希薄化する。コンフリクトが生じないかわりに，友人関係や仲間意識も発生しない。このことは労働者をして，協業を困難ならしめる。

　ブリーフスは，以上の4つの疎外，すなわち所有からの疎外・労働からの疎外・労働空間からの疎外・共働者からの疎外は，現実には非常に密接に関連し合っていると述べている。そしてその中心には，技術の問題が抗しがたく横たわっていると考えている。他の古典派経営社会学者たちも，多かれ少なかれ同様の考えをもっている。すなわち，技術の進展によって労働者が疎外されるという，やや図式的な考えである。そして，本章で論じている合理化とは，彼らにとっては，この技術の進展のことだったのである。

　古典派経営社会学の総括者であるブリーフスは，1934年の秋，ナチスの政権からのがれるために米国に亡命し，以後10年間，ドイツにおいて，産業および経営社会学の空白の時代が生じる。戦後，再び産業および経営社会学が再興されるわけであるが，その発展は必ずしも順調という訳にはいかなかった。この発展過程を，主として合理化の問題性との関連において整理してみよう。

3. 戦後産業および経営社会学と合理化問題

　すでに触れたように，第2次世界大戦直後の産業および経営社会学は，ミク

ロ社会学的テーマから始められたと言いうる。大学や研究所が増加するにつれて、しだいに活発に研究が進められたが、主なテーマは、(1) たとえばオートメーション論争に代表されるような、労働形態・経営の労働力投入政策に対する技術的発展の帰結問題、(2) いわゆる教育論議に代表されるような、資格構造の問題・労働市場の発展の問題、(3) 産業および経営社会学の社会科学上の位置づけ問題などであった。

やがてこの産業社会学は、もちろん一般社会学の中の部門社会学としての地位のみならず、「特別な一般社会学」としての地位をも主張しだした。ドイツの社会学者においてはもともと、産業社会あるいは経営社会は全体社会のミクロコスモス（小宇宙）である、という認識が強かったのである。1970年頃には「産業社会学のルネッサンス (Renaissance)[13]」といわれるまでに再建された。この時にはすでに、ミクロ分析だけでなく、古典派経営社会学が行なったようなマクロ分析も同時に盛んに行なわれた。

しかし、この盛んになった産業社会学に対して、1970年代の中ごろまでに、3つの方向からの批判にさらされた。まず第1は、わが国でもよく知られている批判である。すなわち、1960年代の半ば以来、システム理論的思考が一般社会学の理論化にとって有効であると主張されはじめ、この主張が産業社会学に対しても貫徹されたのである。たとえばルーマン (Luhmann, Niklas) がその代表者である[14]。たしかに産業社会学の側では、初めは現実の社会問題の内容を重視することによってシステム理論に対抗したが、1970年代に入ってからはますます守勢におちいり、理論的にも方法論的にもシステム理論の方が「古典的」社会理論よりも給付能力のあるものとして認め始めた。特に、ルーマンは産業社会学を「時代おくれ」(altmodisch) と宣言した。

第2の批判の中心人物はトゥーレーヌ (Touraine, Alein) である[15]。彼の社会運動の理論によれば、古典的産業社会学のテーマである資本と労働の産業上のコンフリクトに替って、一方では国家やテクノクラートによる社会の支配が、他方では新しい政治的諸集団間の対立が登場するのである。この指摘は単純であるだけに、容易に否定されえないものをもっている。

第3の批判は，1960年代ほどには活発ではないが，マルクス主義からのものである。これは，包括的な史的唯物論の社会学から，「産業社会学の貧困」(Elend der Industriesoziologie) を主張する。このように，1970年代の後半以来，産業社会学は困難な状況下にあった。

1980年代以降，産業および経営社会学はよほど注意して再出発をしなければならなかった。まず，われわれが以前指摘した事だが[16]，古典派経営社会学が絶えず行なったように，全体社会との関連および歴史との関連を失ってはならない。このことの必要性は，第2次世界大戦前よりも今日の方がむしろ高いであろう。さらに，産業および経営社会学に対する批判が示したように，古典派経営社会学以上の学問的洗練を行なって，その給付能力を高めなければならない。たとえば，技術の進展を合理化概念の枠組みの中でとらえ直すこと。また，われわれは今日すでに，労資同権的共同決定や労働の人間化運動を知っているのだから，単に技術の進展が人間を疎外するといった図式的な思考は不可能であること。したがってまた，技術以外のモメントも同時にシステム的に把握できるようにすること，などである。

このようにみてくると，また最近の研究動向を見るにつけやはり合理化の問題が浮上してくるのである。この場合の合理化とは，マルクスやヴェーバーが「西洋的合理化」とか「資本主義的合理化」と名付けたような，歴史的パースペクティヴをもつものとしての合理化である。そしてこの合理化は，経営のレベルや組織のレベルにおいては，生産性上昇 (Produktivitätssteigerung) および支配の安定化 (Herrschaftssicherung) として具現する。これがシステム論的パースペクティヴを提供するのである。この場合の生産性上昇と支配の安定化とは，個別経営の利害を目ざすものとして考えられているのではなく，利害状況に関連する社会の構造原理・客観的戦略が考えられているのである。われわれは，産業および経営社会学の任務を指示した次のブラクツューク等の言葉に同意する。すなわちいう，「産業社会学の研究の任務は，社会的生産の構造上の特徴と変化の過程との説明 (Aufnahme) である。構造理論的および行為理論的には，産業社会学的関心の中心点には，生産性上昇に対する社会的関心の

媒介形態ならびに支配の安定化に対する社会的関心の媒介形態が立っている[17]」と。

　合理化は，経営レベルおよび組織レベルにおいては，生産性上昇および支配の安定化の形で表われることは，上で述べた通りである。そして，生産性上昇は技術的組織的合理化に，支配の安定化は社会的政治的合理化に関連する。この2つのモメントは，具体的・歴史的には，確かに重なり合って結びついている。しかし，両者を分析的に区別することが，現実をよりよく説明するために必要なのである。たとえば，ある職場への新しい技術設備の導入の場合を考えてみよう。この場合，単にその職場において技術的組織的変化が生じ，またそれに関連して，新しい職場に作り変えられるだけでなく，労働者の投入における社会的政治的合理化のはっきりしたプロセスをも含む。とくにその技術設備のもとでの労働者の互換性が高い場合は，そうである。社会的政治的合理化が欠如した場合，その職場への新しい技術設備の導入に対して，労働者の強い抵抗を生むことがある。このことは経営的には非常に重要なことがらである。

　産業的合理化過程の条件および帰結に関する論議は，社会学においては根本的には「労働の未来」の問題につながっていたといいうる。そしてその問題は，若干の例外を除いて，「労働からの解放」や「労働における解放」の期待を含んでいた。この段階において，合理化の問題は支配の問題に結合するのである。なぜなら，「解放」とは，「技術的解放」（たとえば肉体的に重い労働からの解放・危険な仕事からの解放）や「経済的解放」（たとえば必須の生活手段からの解放）のみならず，「政治的および社会的解放」をも志向するからである。つまり，合理化のテーマは社会的政治的合理化をも含むのである。

　技術の発達・産業組織および経営組織の発達・経営の労働力投入の変化・資格構造の変化・労働条件の変化等々は，合理化過程の結果と考えることができる。この合理化の問題性は，すでに社会学の古典であるカール・マルクスとマックス・ヴェーバーが，その理論的構想の中心にすえたものである。彼らは合理化を，単に産業的発展において社会的に作用する過程としてではなく，社会的に創り出される過程としてとらえ，分析的に解明していったのである。し

かしこの合理化概念に対して，ブラクツューク等によれば，誤解がみられる[18]。たとえば，この合理化が単線的にとらえられる間違いがしばしば見られる。ヴェーバーに関して1つ例をあげれば，彼は支配体系として，カリスマ的支配・伝統的支配・依法的支配の3つを挙げたが，始めの2つは，依法的支配の理念型からどこがどれだけ隔たっているかを見きわめるために検討しようとしたのである。必ずしも，カリスマ的支配から伝統的支配へ，伝統的支配から依法的支配へ発展するというように単線的にみていた訳ではないのである[19]。

4. 結　び

産業および経営社会学は大きく3つの時代区分に分けることができる。少なくとも，合理化の問題のとらえ方に関連させればそうなる。第1は第1次世界大戦から第2次世界大戦までの古典派経営社会学と称される期間，第2は1970年代半ばまで，第3は現在に到るまでである。古典派経営社会学においては，合理化は，技術的（および組織的）合理化の形で現われた。そして技術の進展による労働者の疎外という悲観的であると同時に図式的な結論を導き出した。第2の期間においては，産業および経営社会学におけるヴェーバーの忘却のもとで，合理化の問題性も生じなかった。しかし一部，古典派経営社会学の流れをくみながら，しかし古典派経営社会学とは逆に，技術的合理化が将来においては労働の解放を生ぜしめるという楽観的な方向が存在していた。結局はこの方向が，産業および経営における支配問題を，すなわち社会的政治的合理化の側面を浮かび上がらせるものとなった。近年のヴェーバーの再評価とともに，ヴェーバーの合理化概念が産業および経営社会学において，より洗練された形で把えなおそうと試みられている。その第一歩は，合理化過程を技術的組織的合理化と社会的政治的合理化とに分析的に区別し，産業および経営社会学の給付能力を高めたことである。

　アジア各国では近年，ここでいう技術的・経済的発展が急速に進んでいるが，案外，社会的・政治的発展には時間がかかるかもしれない。

註

1) Bendix, Reinhard: Max Weber, An intellectual portrait, Doubleday & Company Inc. 1962, p.471. 折原浩訳『マックス・ウェーバー——その学問の全体像』(中央公論社・1966年) 437頁。
2) この事態は，一部はドイツの経験のゆえであり，一部はヴェーバーが個人的弟子をもとうとしなかったということに由来するかも知れない。
3) Fürstenberg, Friedrich: Einführung, in: Industriesoziologie II, Entwicklung der Arbeits- und Betriebssoziologie seit dem Zweiten Weltkrieg, hrsg. von Fürstenberg, Friedrich, Darmstadt und Neuwied (Luchterhand) 1974, S.10.
4) Fürstenberg, Friedrich: Einführung, in: Industriesoziologie III, Industrie und Gesellschaft, hrsg. von Fürstenberg, Friedrich, Darmstadt und Neuwied (Luchterhand) 1975, S.9.
5) Dahrendorf, Ralf: Industrie- und Betriebssoziologie, 3. Auflage, Berlin (De Gruyter) 1965, S.33.
6) Briefs, Goetz: Betriebsführung und Betriebsleben in der Industrie, Stuttgart (Enke) 1934, S.5.
7) Briefs, Goetz: a.a.O., S.4f.
8) Briefs, Goetz: a.a.O., S.20.
9) Briefs, Goetz: a.a.O., S.23.
10) Briefs, Goetz: a.a.O., S.36.
11) Briefs, Goetz: a.a.O., S.25.
12) Briefs, Goetz: a.a.O., S.27.
13) Fürstenberg, Friedrich: Einführung, in: Industriesoziologie II, Entwicklung der Arbeits- und Betriebssoziologie seit dem Zweiten Weltkrieg, hrsg. von Fürstenberg, Friedrich, Darmstadt und Neuwied (Luchterhand) 1974, S.11. Braczyk, Hans-Joachim, Jost von dem Knesebeck und Gert Schmidt: Nach einer Renaissance — Zur gegenwärtigen Situation von Industriesoziologie in der Bundesrepublik Deutschland, in: Materialien zur Industriesoziologie,

hrsg. von Schmidt, Gert, Hans-Joachim Braczyk und Jost von dem Knesebeck, Opladen (Westdeutscher) 1982, S.23.

14) Luhmann, Niklas: Artikel Organisation, in: Evangelisches Staatslexikon, o. O. 1975.

15) Touraine, Alein: La société post-industrielle, Seuil 1969. 寿里茂・西川潤訳『脱工業化の社会』(河出書房新社・1970年)

16) 拙稿「マインツの組織社会学」(『白鷺論叢』第7号, 1974年), 61-67頁。

17) Braczyk, Hans-Joachim, Jost von dem Knesebeck und Gert Schmidt: a.a.O., S.21.

18) Braczyk, Hans-Joachim, Jost von dem Knesebeck und Gert Schmidt: a.a.O., S.26.

19) Bendix, Reinhard: op. cit., p.298. 折原浩訳, 519, 520頁。

文　献　目　録

⟨欧文文献⟩

Bendix, Reinhard: Max Weber, An Intellectual Portrait, Doubleday & Company Inc. 1962. 折原浩訳『マックス・ウェーバー──その学問の全体像』(中央公論社・1966年)

Braczyk, Hans-Joachim, Jost von dem Knesebeck und Gert Schmidt: Nach einer Renaissance ── Zur gegenwärtigen Situation von Industriesoziologie in der Bundesrepublik Deutschland, in: Materialien zur Industriesoziologie, hrsg. von Schmidt, Gert, Hans-Joachim Braczyk und Jost von dem Knesebeck, Opladen (Westdeutscher) 1982.

Briefs, Goetz: Betriebsführung und Betriebsleben in der Industrie, Stuttgart (Enke) 1934.

Dahrendorf, Ralf: Industrie- und Betriebssoziologie, 3. Auflage, Berlin (De Gruyter) 1965.

Fürstenberg, Friedrich: Einführung, in: Industriesoziologie II, Entwicklung der Arbeits- und Betriebssoziologie seit dem Zweiten Weltkrieg, hrsg. von Fürstenberg, Friedrich, Darmstadt und Neuwied (Luchterhand) 1974.

Fürstenberg, Friedrich: Einführung, in: Industriesoziologie III, Industrie und Gesellschaft, hrsg. von Fürstenberg, Friedrich, Darmstadt und Neuwied (Luchterhand) 1975.

Luhmann, Niklas: Artikel Organisation, in: Evangelisches Staatslexikon, o. O. 1975.

Okakura, Kakasu: The ideals of the East with special reference to the art of Japan, London (John Murray) 1903. 佐伯彰一・桶谷秀昭・橋川文三訳『東洋の理想他─岡倉天心』(平凡社・1983年)

Schumpeter, Joseph Alois: Theorie der wirtschaftlichen Entwicklung, 1912. 塩野谷祐一, 中山伊知郎, 東畑精一訳『経済発展の理論──企業者利潤・資本・信用・利子および景気の回転に関する一研究』(岩波書店・1977年)

Tenbruck, Friedrich H.: Das Werk Max Webers, in: Kölner Zeitschrift für Soziologie und Sozialpsychologie, Jg. 27/4. Heft, 1975. 住谷一彦, 小林純, 山田正範訳『マックス・ヴェーバーの業績』(未来社・1997年)

Tenbruck, Friedrich H.: Die Genesis der Wissenschaftslehre Max Webers; I Allgemeiner Teil: Die Genesis der Methodologie Max Webers, in: Kölner

Zeitschrift für Soziologie und Psychologie, 11 Jahrgang, 1959. 住谷一彦・山田正範訳『マックス・ヴェーバー　方法論の生成』(未来社・1985 年)

Touraine, Alein: La société post-industrielle, Naissance d'une société, Paris (Denoël) 1969. 寿里茂・西川潤訳『脱工業化の社会』(河出書房新社・1970 年)

Weber, Marianne: Max Weber. Ein Lebensbild, Tübingen (J.C.B.Mohr) 1926. 大久保和郎訳『マックス・ウェーバーⅠ』(みすず書房・1963 年)

Weber, Max: Agrarverhältnisse im Altertum, in: Max Weber: Gesammelte Aufsätze zur Sozial- und Wirtschaftsgeschichte, Tübingen (J.C.B.Mohr) 1924. 上原専禄・増田四郎監修，渡辺金一・弓削達共訳『古代社会経済史―古代農業事情』(東洋経済新報社・1959 年)

Weber, Max: Gesammelte Aufsätze zur Religionssoziologie, Band Ⅰ. Ⅱ. Ⅲ., Tübingen (J.C.B.Mohr) 1920. 木全徳雄訳『儒教と道教』(創文社・1971 年)(部分訳)

Weber, Max: Die protestantische Ethik und der》Geist《des Kapitalismus, in: Archiv für Sozialwissenschaft und Sozialpolitik, 20. Bd. 1905, 21. Bd. 1905. 大塚久雄訳『プロテスタンティズムの倫理と資本主義の精神』(岩波書店・1989 年)

Weber, Max: Die "Objektivität" sozialwissensschaftlicher und sozialpolitischer Erkenntnis, in: Arch. für Sozialwiss., 1904. 濱島朗・徳永恂訳『マックス・ウェーバー　社会学論集』(青木書店・1971 年)

Weber, Max: Wirtschaft und Gesellschaft, fünfte Auflage, Tübingen (J.C.B.Mohr) 1972. 清水幾太郎訳『社会学の根本概念』(岩波書店・1972 年)(部分訳)

Zingerle, Arnold: Max Webers historische Soziologie, Wissenschaftliche Buchgesellschaft (Darmstadt) 1981. 井上博二他訳『マックス・ウェーバー―影響と受容』(恒星社厚生閣・1985 年)

〈和文文献〉

ICSEAD, EAEP (East Asian Economic Perspectives), Vol.14, No.1 (2003 年)
青山秀夫『マックス・ウェーバーの社会理論』(岩波書店・1950 年)
石坂浩一『韓国と出会う本』(岩波書店・2003 年)
伊藤潔『台湾―四百年の歴史と展望』(中央公論社・1993 年)
王雲海『中国社会と腐敗』(日本評論社・2003 年)
筧武雄 (編) 赤松弥太郎『日中合弁企業奮闘記―中国進出と撤退のドラマ』(蒼蒼社・1999 年)
加護野忠男・伊丹敬之『ゼミナール経営学入門』(日本経済新聞社・1989 年)

金山権『中国企業統治論―集中的所有との関連を中心に』(学文社・2008 年)
韓国経済新聞社 (編) 福田恵介訳『サムスン電子―躍進する高収益企業の秘密』(東洋経済新報社・2002 年)
北波道子「台湾における公営事業の民営化―経済部所属国営事業を中心に」,佐藤幸人 (編)『台湾の企業と産業』(アジア経済研究所・2008 年)
木村幹『韓国における「権威主義的」体制の成立―李承晩政権の崩壊まで』(ミネルヴァ書房・2003 年)
姜英之「韓国―先進国経済の課題に立ち向かう」,渡辺利夫 (編)『アジア経済読本 第 2 版』(東洋経済新報社・1998 年)
金日坤「日本と韓国の経済・経営の比較」,『東アジアの視点』(国際アジア研究センター・2003 年 6 月号)
金甲秀「台湾と韓国におけるイノベーション・モデルのアーキテクチャー」,永野周志 (編)『台湾における技術革新の構造』(九州大学出版会・2002 年)
金両基『物語韓国史』(中央公論新社・1989 年)
ケウン・リー「韓国財閥のコーポレート・ガバナンスと成長：1997 年危機のミクロ経済的根拠」,『東アジアの視点』(国際アジア研究センター・2000 年 12 月号)
洪夏祥著宮本尚寛訳『サムスン経営を築いた男　李健熙伝』(日本経済新聞社・2003 年)
孔子 (校訂)『詩経』中田昭栄訳『詩経』上・中・下 (郁朋社・2003-05 年)
孔子『春秋』小倉芳彦訳『春秋左氏伝』上・中・下 (岩波書店・1988, 1989 年)
孔子 (言) 貝塚茂樹訳註『論語』(中央公論社・1973 年)
国史編纂委員会・一種図書研究開発委員会 (編) 大槻健・君島和彦・申奎燮訳『新版韓国の歴史　第 2 版』(明石書店・2003 年)
小林英夫『戦後アジアと日本企業』(岩波書店・2001 年)
今野浩一郎『研究開発マネジメント入門』(日本経済新聞社, 1993 年)
酒井亨『台湾入門』(日中出版・増補改訂版 2006 年)
司馬遼太郎『台湾紀行　街道をゆく 40』(朝日新聞社・1997 年)
周婉窈著濱島敦俊監訳石川豪・中西美貴訳『図説台湾の歴史』(平凡社・2007 年)
住谷一彦『マックス・ヴェーバー　現代への思想的視座』(日本放送出版協会・1970 年)
戴國煇『台湾―人間・歴史・心性』(岩波書店・1988 年)
高崎宗司『植民地朝鮮の日本人』(岩波書店・2002 年)
朝鮮史研究会 (編)『入門朝鮮の歴史』(三省堂・1986 年)
唐燕霞『中国の企業統治システム』(お茶の水書房・2004 年)

日本経営学会（編）『2003年度全国大会報告要旨集』（日本経営学会・2003年）
日本経済新聞社（編）『中国—世界の「工場」から「市場」へ』（日本経済新聞社・2002年）
長谷川正『経営と支配理論』（森山書店・1993年）
長谷川正「マインツの組織社会学」（『白鷺論叢』第7号，1974年）
柳町功「韓国の三星」，岩崎育夫（編）『アジアの企業家』（東洋経済新報社・2003年）
吉岡力『世界史』（旺文社・1979年）
吉田裕『アジア・太平洋戦争　日本近現代史⑥』（岩波書店・2007年）
李東浩『中国の企業統治制度』（中央経済社・2008年）

〈白書・雑誌など〉
行政院国家科学委員会（編）『統計資料集』（2010年版）
国土交通省（編）『平成18年度版観光白書』
国家統計局科学技術部（編）『中国科技統計年鑑』（各年版）
週刊東洋経済（各号）
総務省統計研修所（編）『世界の統計』（各年版）
内閣府「海外経済指標」（各年）
日本経済新聞（各日）
日経ビジネス（各号）
文部科学省（編）『科学技術指標』（各年版）
文部科学省（編）『科学技術白書』（各年版）
文部科学省（編）『文部科学統計要覧』（各年版）
文部科学省科学技術政策研究所（編）『統計集』（2010年）
労働省（編）『労働白書』（各年版）

〈ホームページ〉
http://www.ftc.go.kr/eng/　(**韓国公正取引委員会**の HP)
http://www.bun.kyoto-u.ac.jp/~knagai/GHQFILM/DOCUMENTS/surrender.html
　(**京都大学大学院文学研究科・文学部**の HP)
http://eng.stat.gov.tw/　(**台湾政府**の HP)
http://ebas1.ebas.gov.tw/　(**中華民国統計資訊網**の HP)
http://www.deljpn.ec.europa.eu/　(**駐日欧州連合代表部**の HP)
http://www.chosunonline.com/　(**朝鮮日報**の HP)

http://www.jpo.go.jp/（**特許庁**のHP）
http://www.mofa.go.jp/mofaj/（**日本外務省**のHP）
http://japan.samsung.com/jp/（**日本サムスン**のHP）
http://www.ide.go.jp/Japanese/（**日本貿易機構（ジェトロ）・アジア経済研究所**のHP）
http://www.dbj.jp/（**日本政策投資銀行**のHP）
http://www.nikkeibp.co.jp/（**日経BP**のHP）

人 名 索 引

（中国人名・朝鮮半島の人名は、日本語読み順）

（ア行）

青山秀夫　21, 23, 62
赤松弥太郎　28, 31, 34, 59
安重根（アン・ジュングン）　77
石坂浩一　100
磯永吉　114
井上博二　62
伊丹敬之　59
伊藤潔　125-127
伊藤博文　77
岩崎育夫　101
ウィルソン，ウッドロー　78
ウィルヘルム Ⅰ．，フリードリヒ　8
ヴィンケルマン，ヨハネス　36
ヴェーバー，カール・ダフィト　6
ヴェーバー（Max Weber）　1-23, 35-37,
　39-41, 43, 45-47, 52, 55-57, 59, 61-65,
　165-167, 172-175
ヴェーバー（Marianne Weber）　6, 21
上原専禄　23
ウェルチ，ジョン・F　96
ウルジ・ムンドク（乙支文徳）　72
衛満　70, 71
円光（ウォングァン）　72
袁世凱　38
王安石　63
王雲海　29, 31, 34, 59, 61, 65
王永慶　123
王建（ワン・クウォン，高句麗の太宗）
　73
王莽　38
大久保和郎　21

大久保利通　111
大隈重信　111
大塚久雄　2, 20-23
大槻健　100
岡倉天心　140, 163
桶谷秀昭　163
小渕恵三　131
折原浩　20, 23, 62, 65, 175, 176

（カ行）

貝塚茂樹　64, 65
加護野忠男　59
笕武雄　28, 59
カーター，ジミー　157
金山権　31, 61
樺山資紀　111, 112
カルヴァン，ジャン　9, 11
韓非　48
義湘（ウイサン）　72, 73
北波道子　127
木全徳雄　20, 55, 61-65
君島和彦　100
木村幹　100
弓裔（クン・イェ）　74
姜英之　100
金泳三（キム・ヨンサム）　80, 81, 84
金玉均（キム・オッキュン）　76
金甲秀　127
金大中（キム・デジュン）　68, 81, 84, 92,
　97
金日坤　102
金日成（キム・イルソン）　79
金両基　100

クネーゼベック，ヨースト・フォン・デム　175, 176
クリントン，ビル　144
ゲック，L. H. アドルフ　167
元暁（ウォニョ）　72, 73
玄貞恩　86
乾隆帝（清の—）　61
洪夏祥　101, 102
康熙帝（清の—）　110
孔子　48, 49, 51-53, 64
江青　38
江沢民　30, 57
胡錦濤　30
兒玉源太郎　113
後藤新平　113, 114
小林英夫　100
今野浩一郎　164

（サ行）

崔瑩（チェ・エヒョン）　74
西郷従道　111
佐伯彰一　163
酒井亨　125, 126
佐藤幸人　127
塩野谷祐一　162
始皇帝　35, 38
慈蔵（ジャジャン）　72
司馬睿　38
司馬炎（のちの西晋の武帝）　38
司馬光　63
司馬遼太郎　126, 127
清水幾太郎　22
周婉窈　125-127
周王　41
朱元璋（のちの明の光武帝）　38
朱蒙　71
朱鎔基　158
シュミット，ゲルト　175, 176

シュモラー，グスタフ　3, 20, 21
荀子　48
シュンペーター（Joseph Alois Schumpeter）　130, 132-134, 160, 162
鐘維鎬　126
蔣緯国　119
商鞅　48
蔣介石　103, 115, 116, 119, 120, 123, 127
蔣経国　119, 123
施琅　110
申奎燮　100
申翼熙　79
スターリン，ヨシフ　115
住谷一彦　21, 22, 62, 65
全斗煥（チョン・ドゥファン）　81, 83
全琫準（チョン・ボンジュン）　76
荘子　48, 52, 53
宋鎮禹　79
宋美齢　120
副島種臣　111
ゾンバルト，ウェルナー　20
孫文　38

（タ行）

戴國煇　105, 125, 126
高崎宗司　100
高橋鞆之助　112
田川松　109
田中耕一　161
ダーレンドルフ（Ralf Dahrendorf）　167, 175
近松門左衛門　109
チャーチル，ウインストン　115, 116, 138
趙匡胤（のちの宋の太祖）　38
張勉　80
張魯　55
陳儀　116-119, 121, 127
チンギス（成吉思）カン（汗）　38

人 名 索 引 **185**

陳水扁　107
ツィンゲルレ（Arnold Zingerle）　62
鄭経　110
鄭克塽　110
鄭周永（チョン・ジュヨン）　86
鄭芝竜　109
鄭成功　109, 110
鄭夢憲　86
鄭夢九（チョン・モング）　86
テンブルック（Friedrich H.Tenbruck）
　21, 36, 56, 62, 65
トインビー，アーノルド　20
トインビー，アーノルド・ジョセフ　20
唐燕霞　31, 61
鄧小平　29, 31, 38, 39
董仲舒　48
東畑精一　162
トゥーレーヌ（Alein Touraine）　171, 176
徳永恂　20
トーニー，R. H.　4
豊臣秀吉　67, 75
トルーマン，ハリー・S　115
トレルチ，エルンスト　14

　　　　（ナ行）

中谷巌　130-132
永野周志　127
中村修二　161
中村貞二　22
中山伊知郎　162
ヌルハチ（愛新覚羅―，のちの清の太祖）
　38
乃木希典　112

　　　　（ハ行）

パーカー，E. H.　41
バクスター，リチャード　12, 15
バーグステン，フレッド・C　139

橋川文三　163
バックル，ヘンリー・トーマス　8
八田與一　113
濱島朗　20
武王（周の―）　37
フォン・ヴィーゼ，L　167
福田恵介　88, 101, 102
武宗（唐の―）　52
ブッシュ，ジョージ・H・W（父）　144
ブッシュ，ジョージ・ウォーカー（子）
　144
武帝（漢の―）　38, 71
フュルステンベルク（Friedrich
　Fürstenberg）　166, 175
ブラクツューク（Hans-Joachim Braczyk）
　172, 175, 176
プラトン　52
フランクリン，ベンジャミン　5
フランクリン，ルーズベルト　116
ブリーフス（Goetz Briefs）　166-169, 175
武烈王　73
ブレンターノ，ルヨ　3-5, 20
フロイト，ジークムント　166
ペティ，ウィリアム　8
ベネディクトゥス（ヌルシアの―）　10
ベンディックス（Reinhard Bendix）　20,
　23, 56, 62, 65, 165, 175, 176
墨子　48
朴正熙（パク・チョンヒ）　80-83, 91
朴杜乙（パク・トウウル）　88
ホンタイジ（愛新覚羅―，のちの清の太
　宗）　38

　　　　（マ行）

増田四郎　23
マルクス，カール　3, 172, 173
水野遵　111, 112
御手洗冨士夫　133, 134

宮本尚寛　101, 102
閔妃（ミンビ，明成皇后）　76
メンガー，カール　21
孟子　30, 48
毛沢東　29, 38, 58, 120
モンテスキュー，シャルル　8

（ヤ行）

柳町功　101
山田正範　21
弓削達　23
楊堅（のちの隋の文帝）　38, 72
ヨースト，ヴァルター　167
煬帝（隋の―）　72
吉岡力　61, 62, 64
吉田裕　126

（ラ行）

頼昌星（遠華事件の―）　60
李淵（のちの唐の高祖）　38
リー，ケウン　101
李健熙（イ・ゴンヒ）　88, 90-95, 98-99, 101, 102
李斯　48
李在鎔（イ・ジェヨン）　102
李舜臣（イ・スンシン）　75
李承晩（イ・スンマン）　79, 80, 88, 90, 99, 100
李昌熙　91
李昰王（イ・ウハン）　76

リゼンドル，ル・ジャンドル　111, 112
李成桂（イ・ソウォンゲ，朝鮮王朝の太祖）　74, 75
李世宗（イ・セジョン）　75
李大淳　142
李登輝　123
李東浩　31, 61
李秉喆（イ・ビョンチョル）　88, 90, 91, 94, 98, 99
李芳遠（イ・パンウォン，朝鮮王朝の太宗）　75
李明博（イ・ミョンバク）　68, 81
李孟熙　91
柳寛順（ユ・グァンスン）　78
劉邦（のちの漢の高祖）　38
劉秀（のちの漢の光武帝）　38
ルーズベルト，セオドア　77
ルーズベルト，フランクリン　116
ルター，マルチン　9, 10
ルーマン（Niklas Luhmann）　171, 176
レーガン，ロナルド　144
レーニン，ウラジミール　120
老子　48, 52-54
盧泰愚（ノ・テウ）　81, 83
盧武鉉（ノ・ムヒョン）　68, 81

（ワ行）

渡辺金一　23
渡辺利夫　100
和珅　61

事 項 索 引

(ア行)

アジア通貨危機（アジア金融危機・バーツ・ショック）　68, 83, 86, 88, 92-94, 139, 160
アヘン戦争　38, 111
意図されなかった結果　13
イノベーション　127, 130, 132-135, 145, 146, 148, 150, 154, 156, 157, 160, 161, 165
因果関連　19, 22, 31, 129
ウェストファリア体制　134, 138
ウェーバリアン　1, 36
営利追求（営利心・営利欲）　4-8, 13, 16, 17
エートス　4-6, 13, 46
汚職　29, 61, 110, 117
オーストロネシア系　104, 105

(カ行)

海禁　109
カイロ宣言　116
外省人　104, 105, 107, 117, 118, 122, 125
外部取締役　26, 34
科挙　47, 49, 74, 76
科教興国　142, 158
囲い込み　3, 13
家産官僚制　36, 39, 40, 42, 46, 57
カトリック　8, 10, 51, 68, 143
カリスマ　41, 45, 47, 48, 50, 80, 174
カルヴィニズム　9
雁行型経済発展　129
漢江の軌跡　80, 81
官僚制　29-31, 36, 39, 40, 42, 43, 46, 53, 57, 74, 167
キャッシュフロー　133, 134, 160
キャノン　133, 134
教育　15, 25, 44-46, 50, 51, 58, 78, 89, 95, 96, 99, 113, 114, 119, 120, 126, 141-146, 151, 158, 159, 162, 171
共産党（中国―）　31, 32, 57, 58, 119, 120, 142
業績主義　26, 27
御史　38, 43, 58
クエイカー　8-11
訓民正音　75
敬虔派　9
経済（の）停滞　1, 57, 129
化外の地（化外の民）　111
血縁　3, 16, 37, 41, 55, 97, 98
厳戒令　103, 117-119, 123
ゴイセン　9
江華島事件　76
構造調整本部　92, 99, 102
郷鎮企業　32
合理化　16, 42, 47, 56, 165-167, 170, 172-174
合理主義　14, 18, 30, 165, 166
国務院　32, 142
国教（―派）　8, 9
国民党（台湾の―）　103, 104, 107, 114, 116-122, 125

(サ行)

財閥　68, 80-88, 90-92, 94, 97-99, 101, 120
サムスン（三星）　68, 86-99, 101, 102

三・一独立運動　77, 79, 89
産学（―共同）　130, 132, 141, 142, 145, 162
産業および経営社会学（ドイツの―）　166, 167, 170, 171, 172, 174
産業開発区　158, 159
産業革命　3, 111, 145
氏族　16, 17, 37, 38, 40, 41, 44-46, 57, 58, 64
支配社会学　39
資本主義の精神　1, 2, 4-8, 11-13, 15, 17-23, 56, 61
資本主義の発生　1, 8, 35
社会主義　29, 31, 38, 141, 143, 154
社会主義市場経済　29, 31
シャープ　137
宗教改革　8, 9, 13-15, 17
儒教　2, 20, 25, 35-38, 47-59, 61-64, 68, 72, 74, 75, 88, 91, 98, 99, 163
呪術　2, 11, 18, 42, 45, 47, 49, 50, 52, 54, 55
循環投資と相互債務保障　84
循環論法　5
状況証拠　→比較証拠
少数民族　25, 57, 106, 143
省籍矛盾　107
所有と経営の分離　34, 83, 85
神権政治　9, 37
信団（ゼクテ）　9, 11, 15-17, 22, 61
人治　28
信用と予測可能性　58, 67
遷界令　109
洗礼派　9
創氏改名　78
宗族　37, 40, 41
疎外　168-170, 172, 174
ソニー　87, 88, 94, 96, 130, 131

（タ行）

台湾プラスチック　123

単位（中国の―）　34
中央集権　38, 40, 42, 57, 71, 72, 74, 75, 120
中華民国　38, 103, 115-117, 119
朝鮮王朝（李氏―）　74
朝鮮戦争　80, 90, 120
長老派　9, 111
TFP（全要素生産性）　146-148
出来高賃金制度　6
鉄の檻　14
天安門事件　39
伝統主義　6, 7, 9, 34, 35
天命思想　37, 48
ドイモイ　143
東亜日報　78
動員戡乱時期臨時条款　117, 119, 120, 127
道教　2, 20, 25, 35-37, 51-59, 61-64
読書人　36, 46-50, 52, 55
独立取締役　→外部取締役
土皇帝　112
都市　2, 15-17, 23, 31, 32, 36, 39-41, 43-46, 49, 52, 57-59, 118, 144, 158, 165

（ナ行）

二元論　50, 52
日露戦争　77
日清戦争　76, 112
日中戦争　78, 89, 100
日朝修好条規　76
2・28事件　118, 122

（ハ行）

バプティスト　8-11, 15
万里の長城　40
比較証拠　19
非識字率　25, 142
ピューリタン（ピューリタニズム）　9, 11-16, 36, 52
封山令　110

風水　35, 54
仏教　37, 51, 52, 55, 61, 68, 72, 74, 75, 143
不正　33, 61, 75, 81, 86, 90, 96
二つの中国　120
腐敗　29, 30, 33, 59, 80, 86, 117
プリンシパル・エージェンシー　32
プロテスタンティズム　1, 4, 8-11, 15, 17, 19, 20, 22, 23, 56, 61
文化大革命　38, 58
分類械闘　110
ベルーフ（Beruf）　10
北大方正　142, 158
冒険　7
ポツダム宣言　114, 115
本省人　107, 117, 118

(マ行)

霧社事件　114
メソディズム　9
メノナイト派　9, 10

目的論的関連　22

(ヤ行)

両班（ヤンバン）　75, 76
ユーロ　134, 139
ユグノー（一派）　8, 9
ユダヤ人　8, 12
ユダヤ教　42
予言　42, 63
ヨーマン・ファーマー　13

(ラ行)

理解社会学　22
理念型　21, 174
理論経済学　21
霊　40-42, 44, 45, 48, 50, 52
歴史学派経済学　21
聯想集団　142, 158
ローマ帝国　17

著者紹介

長谷川　正（はせがわ　ただし）
京都学園大学経営学部教授
大阪府立大学経済学部，同大学大学院経済学研究科修士課程・博士課程，京都学園大学経済学部専任講師，助教授を経て現職。

〔おもな著作〕
『経営維持と正当性』（共編）白桃書房　平成2年
『経営と支配理論』（単著）森山書店　平成5年
『経営の支配と官僚制組織』（共著）同文館　平成12年
『産官学協同の比較研究』（共著）晃洋書房　平成15年
『東アジア諸国の企業経営とグローバリゼーション』（共著）晃洋書房　平成18年
『アジアにおける若干のトポロジー』（共著）京都学園大学総合研究所　平成23年
'South Korean "Zaibatsu" ―An Analysis of its historical and financial Characteristics', in: *Management of an Inter-Firm Network*, ed. by Monden, Yasuhiro (Scientific Publishing Company 2011) など

東アジアの企業経営と歴史

2012年2月29日　初版第1刷発行

著　者　ⓒ長谷川　正
発行者　菅田直文
発行所　有限会社　森山書店　〒101-0054　東京都千代田区神田錦町1-10林ビル
TEL 03-3293-7061　FAX 03-3293-7063　振替口座 00180-9-32919

落丁・乱丁本はお取りかえします　　印刷／製本・シナノ書籍印刷
本書の内容の一部あるいは全部を無断で複写複製することは，著作権および出版社の権利の侵害となりますので，その場合は予め小社あて許諾を求めてください。

ISBN 978-4-8394-2117-5